Knaur

Hanna Charlotte Er

Old Stuff New Fashion

DIY-Mode & Accessoires aus gebrauchten Klamotten

Inhalt

Hallo zusammen!

Hier ist es also! Mein Klamotten-Recycling-Buch. Für alle diejenigen unter euch, die einen vollen Kleiderschrank besitzen, aber das Gefühl haben, alles ist ja so laaaaaangweilig (ja, ich kenne euch!).

Ich möchte euch dazu animieren, aus dem alten Plunder mal etwas Neues zu schaffen. Nützt doch einfach den nächsten tristen Abend und zaubert schnell mal feine Haute Couture aus euren Altkleidern!

Das ist günstig, das ist cool, das ist schick – und es liegt absolut im Trend. Ich wünsche euch viel Spaß bei euren Kreationen. Der Catwalk ist eröffnet!

Hanna Charlotte Erhorn

Anleitung zu den Anleitungen

Zu jedem Projekt gibt es einen Steckbrief. Der gibt an, was an Materialien und Werkzeugen benötigt wird. Außerdem liefere ich zur Orientierung einen groben Zeitplan. Da wir alle mit unseren wenigen freien Stunden haushalten müssen, habe ich die meisten Projekte so angelegt, dass sie recht schnell gehen – und trotzdem toll aussehen. Wie kompliziert die einzelnen Projekte sind, seht ihr am Schwierigkeitsgrad:

* für blutige Anfänger
** für mutige Macherinnen
*** für Profis in spe

Tipp:

Auf YouTube kann man tolle selbstgemachte Anleitungsvideos zu (ich übertreibe nicht) **jeder** Handarbeitstechnik finden.

ein paar Recycling-Fakten

615.000 Tonnen brauchbare Altkleider und Heimtextilien kommen jährlich in deutschen Altkleidercontainern zusammen

50 % davon werden wieder-verwertet.

1–3 Kg Gebraucht-Kleidung, Shopware

108.000 Tonnen werden zu Putzlappen verarbeitet!

Schon im alten China gewann man aus sortierten alten Textilien Fasern für die Herstellung von Papier.

Weitere 22 % werden zu Reiß-spinnstoffen für Recycling-Artikel verarbeitet

Kaum zu glauben: Tragfähige Bekleidung wird teilweise nur als Rohstoff vermarktet, da durch hohe Zölle in den Käuferländern nur aktuellste Ware noch marktfähig ist.

In 100 kg original Altkleiderware sind im Durchschnitt enthalten:

10–20 kg Gebrauchtkleidung, Qualität für z. B. die osteuropäischen Länder

10–30 kg Gebrauchtkleidung für Übersee

20 kg Rohstoffe für die Faserrückgewinnung

25 kg Rohstoff für die Energiegewinnung

Also:

Upcycling rules!

Quellen: Fachverband Textilrecycling e.V. 2010, Wikipedia, TextilWirtschaft

Grundausstattung

Bevor du gleich anfängst, deinen Kleiderschrank nach brauchbaren Stoffen zu durchwühlen, aus denen du dir etwas Nettes nähen kannst, noch ein paar Tipps zur Ausrüstung.

Das MUSS man haben:

- Nähmaschine
- Nähnadel
- gute Stoffschere
- kleine Schere (Stickschere)
- Stecknadeln
- farbige Nähgarne
- Bügeleisen und Bügelbrett
- Maßband
- Häkelnadeln
- Stopf- und Sticknadeln
- Werkzeug (Hammer, Schraubenzieher, ...)
- Heißklebepistole

very nice to have ♡

- Computer, Scanner und Drucker
- Schneidematte und Rollschneider
- Steamer
- selbstlöschender Textilmarker
- Zackenschere
- Quiltlineal
- Bügelhandschuh
- Overlock-Maschine
- Schneidplotter
- Strickringe in unterschiedlichen Größen
- Lochzange
- Knopf- und Ösenzange
- Wendenadel (für Tunnelzüge und Schläuche)

Alles wird schöner!

Und alles geht leichter, wenn du ein paar Kleinigkeiten beherzigst:

Mach alles in deinem Tempo. Meine Zeitvorgaben sind absolut nicht verbindlich. Es geht darum, dass du Spaß an der Sache hast – und vor allen Dingen, dass du dich nachher über eine schöne neue Sache freuen kannst.

Sorg für dich. Stell dir was zum Naschen und zum Trinken bereit.

Meine Ideen sind absolut dafür gemacht, von dir verbessert zu werden. Auch Materialvorschläge und Arbeitsanweisungen darfst du jederzeit nur als grobe Richtlinien sehen. Du bist der Chef und du entscheidest, was du übernehmen möchtest und was nicht.

Schaff dir Platz! Zum Arbeiten braucht man ausreichend Raum. Und sieh zu, dass dein Arbeitsplatz zu Beginn leer und übersichtlich ist. Das Chaos kommt noch früh genug.

Besorg dir alles, was du für ein Projekt benötigst, nach Möglichkeit vorher! Und lies dir schon mal vorher die gesamte Anleitung durch. Nur mal so …

Wenn du bei irgendeinem der Projekte mit Chemikalien hantierst (färben, kleben, drucken…), dann unbedingt Handschuhe anziehen, Hautkontakt vermeiden und ausreichend lüften! Wer weiß schon, welche Stoffe da immer noch so drinstecken können.

Wichtig: Nicht zu viel auf einmal vornehmen und an geeigneten Stellen mal eine Pause machen. Und Kaffee trinken, telefonieren, Musik hören … Dann ist man nicht so schnell genervt und legt mit neuem Schwung wieder los.

Selbstgemacht ist selbstgemacht! Das darf man ruhig sehen. Sonst fragt ja auch keiner nach.

Bevor du mit der Arbeit beginnst, solltest du dich davon überzeugen, dass dein Arbeitsmaterial einsatzbereit und vollständig ist: Nähmaschine noch mal putzen und ölen, Schere schleifen, verbogene Nadeln wegwerfen und durch neue ersetzen …

Konzentrier dich auf dein Projekt! Erledige deine Arbeit nicht zwischen Tür und Angel. Und nimm dir nicht mehrere Projekte gleichzeitig vor.

Aber: Manche Dinge kannst du wunderbar erledigen, während du nebenbei auf andere Weise aktiv bist. Super ist beispielsweise Stricken/Häkeln/Sticken, wenn du dabei fernsiehst, Musik hörst oder dich unterhältst.

Jeder macht mal Fehler, aber kümmer dich darum: Schiefe Nähte werden sofort aufgetrennt und neu gemacht, verschnittene Teile werden neu zugeschnitten. Wichtig: Bastel nicht zu viel an deinem Projekt herum: Alles, was nicht mehr zu retten ist, kommt weg!

Bring deine Arbeit sauber zu Ende. Alle Fadenenden sichern, alle losen Fäden abschneiden, ordentlich bügeln, stolz sein.

Behandle deine selbstgemachten Sachen sorgfältig. Am besten nur noch Handwäsche.

Zum Schluss: Aufräumen nicht vergessen! Echt!

Inspirier mich!

Wo ist sie denn, die Inspiration?

Manchmal ist es ja so: Man möchte gerne etwas machen, die Inspiration hat allerdings gerade keine Lust – oder keine Zeit. Tja, macht ja nix, wir kommen auch ohne sie klar. Das ist so eine Art Brainstorming, die Idee entwickelt sich während des Machens.

Die Plus- und Minus-Methode

Es gibt verschiedene Methoden, um alten Klamotten wieder zu neuem Leben zu verhelfen, darunter beispielsweise »erste Hilfe«, »plus« und »minus«.

Erste Hilfe:

- waschen, und zwar gründlich
- bügeln! Kaum zu glauben, wie schön Sachen aussehen, wenn sie ordentlich gebügelt sind! Da kann man auch gerne mal zu Sprühstärke greifen …

Plus (hinzufügen):

- einfärben
- applizieren
- bedrucken
- besticken

Minus (wegnehmen):

- zuschneiden
- abtrennen
- …

tipp: **Für Fortgeschrittene:** Plus- und Minus-Methoden lassen sich hervorragend kombinieren!

?!
Inspiration

?!

wie war das noch mal ?

Für alle diejenigen, die sich in der einen oder anderen Technik nicht mehr so ganz sicher fühlen, hier ein kleiner Schnellkurs mit den wichtigsten Informationen.

A

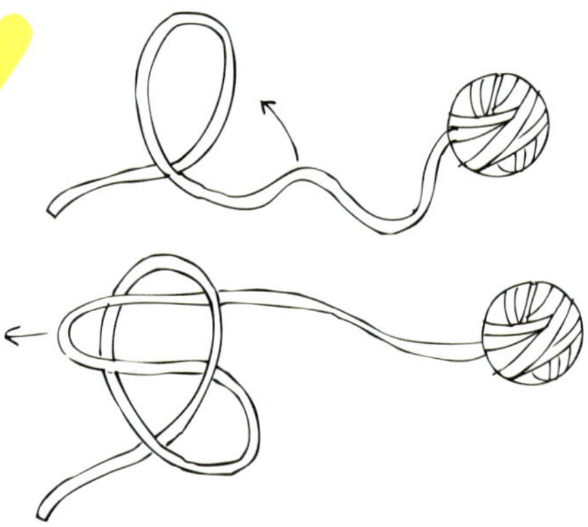

B

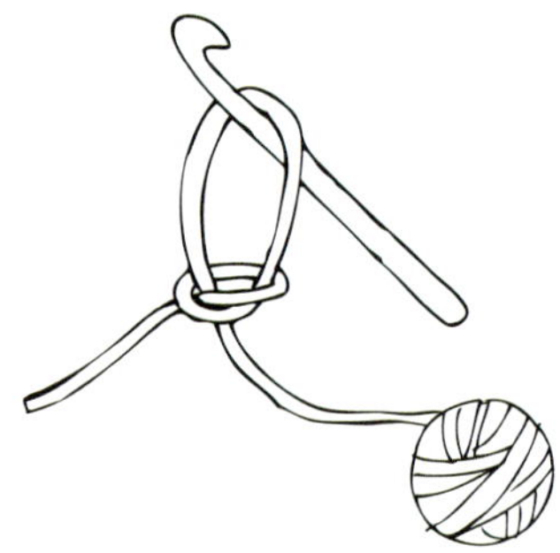

C

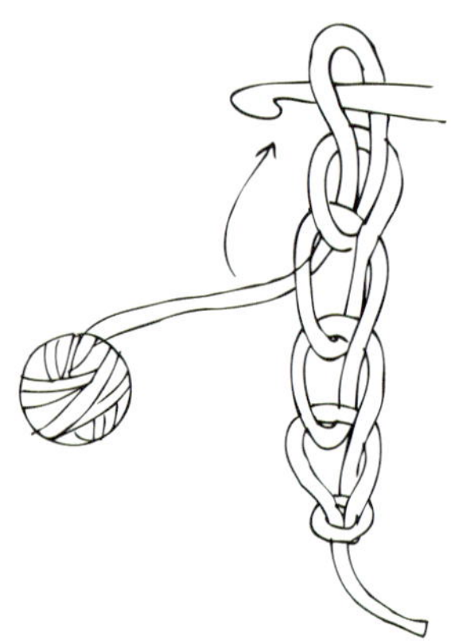

D

Das Wichtigste übers Häkeln

Was die **Häkelmaschen** angeht, so ist es im Grunde recht einfach. Es gibt nämlich nur wenige verschiedene Maschen, aus denen sich jedes erdenkliche Muster zaubern lässt. Alles beginnt mit einer Häkelnadel und einer Schlaufe (A). Und mindestens eine Schlaufe bleibt auch immer auf der Nadel (B).

Durch die Schlaufe kann man mit der Häkelnadel den Faden ziehen und hat dann eine neue Schlaufe. Das kann man ewig fortführen und nennt sich **Luftmaschenkette** (C).

Ähnlich einfach sind die **Kettmaschen** (D), die man für saubere Ränder braucht. Man sticht in die Arbeit (z. B. Luftmaschenkette) ein, holt sich einen Faden und zieht ihn durch die Masche und durch die auf der Nadel liegende Schlinge. Auf der Nadel bleibt eine neue Masche.

Für die **feste Masche** (E) wird mit der Häkelnadel in die Arbeit (z. B. die Luftmasche) eingestochen und der Faden durchgezogen, so dass

E

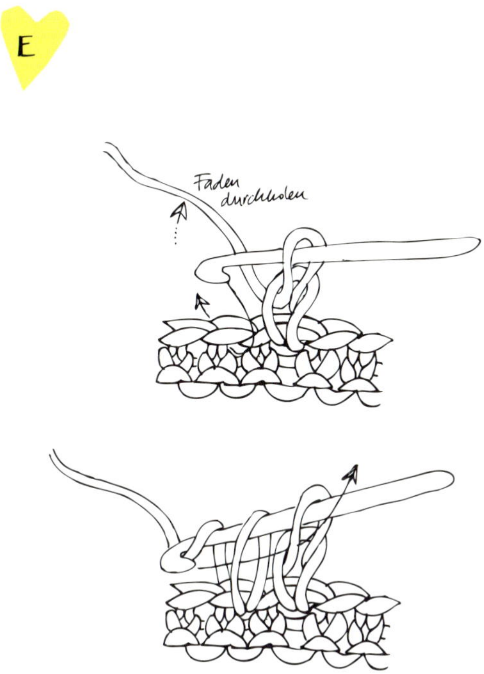

F

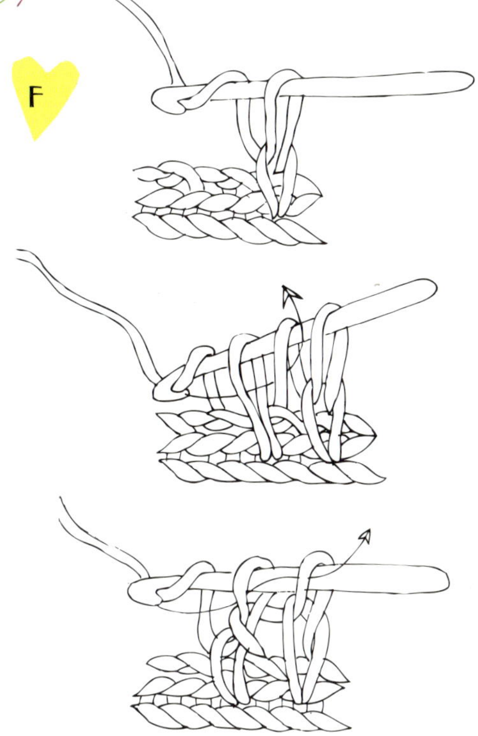

zwei Schlingen auf der Nadel liegen. Man fasst nun noch einmal den Faden und zieht ihn durch beide Schlingen. Fertig!

Halbe Stäbchen (F) macht man, indem man den Faden einmal von hinten nach vorne über die Nadel legt (=Umschlag). Dann sticht man in die Arbeit ein und holt sich noch einen Faden auf die Nadel und zieht ihn durch die Masche durch. Nun liegen drei Schlingen auf der Nadel. Noch mal einen Faden holen und durch alle drei Schlingen auf einmal ziehen.

Ganze Stäbchen gehen genauso, man muss nur die Schlauferei einmal mehr machen: den Faden von hinten nach vorn einmal um die Häkelnadel schlingen (= Umschlag). Von vorn nach hinten durch beide Maschenglieder einstechen, Faden holen und durchziehen, noch einen Umschlag machen und durch die ersten beiden Schlingen durchholen (das heißt jetzt halb abgemaschtes Stäbchen). Noch einen Umschlag machen und durch die beiden Schlingen auf der Nadel holen. Für Doppel-, Dreifach- und Vierfachstäbchen macht man einfach so weiter.

Häkelabkürzungen:

LM = Luftmasche
KM = Kettmasche
R = Runde
FM = feste Masche
hST = halbes Stäbchen
ST = Stäbchen

wie war das noch mal ?

Das Wichtigste über Strickliesel und Strickring

Strickliesel und Strickringe funktionieren nach dem gleichen Prinzip. Mit der Strickliesel macht man eher eine lange stabile Schnur, mit Strickringen kann man auch Schläuche mit größerem Durchmesser fertigen.

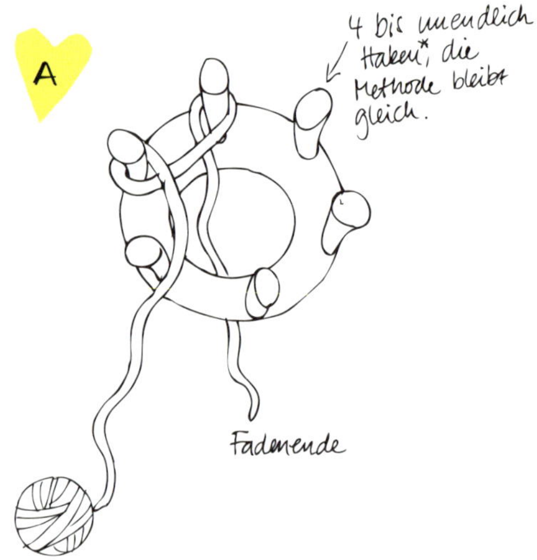

Achtung! Man kann mit oder gegen den Uhrzeigersinn arbeiten. Für das Muster macht das keinen Unterschied. Wer lieber andersherum arbeitet, muss in der Anleitung einfach »rechts« durch »links« und »mit« durch »gegen« ersetzen.

Das Fadenende wird bei beiden Werkzeugen von oben nach unten durch das Loch gefädelt oder gelegt. Den Faden dann weiter im Uhrzeigersinn um die erste Öse/den ersten Nagel legen. Dann mit der rechts daneben liegenden Öse fortfahren (A). Wiederholen, bis man rundherum alle Ösen umschlungen hat (B).
Nun geht das eigentliche Stricken los. Der Faden wird von außen über die Schlinge der ersten Öse gelegt. Mit einer Häkel- oder Stricknadel hebt man nur die Schlinge über den Faden und lässt sie nach innen fallen (C). So macht man mit der nächsten Öse rechts und dann immer rundherum weiter. Den Faden dabei immer schön locker halten. Zwischendurch kann man mal am Fadenende ziehen, dann sieht man, wie viel man schon geschafft hat … Am Ende den Faden abschneiden und durch alle Schlaufen ziehen.

TIPP: Noch cooler sind Strickmühlen, bei denen man superschnell lange Tunnel und sogar Socken »kurbeln« kann.

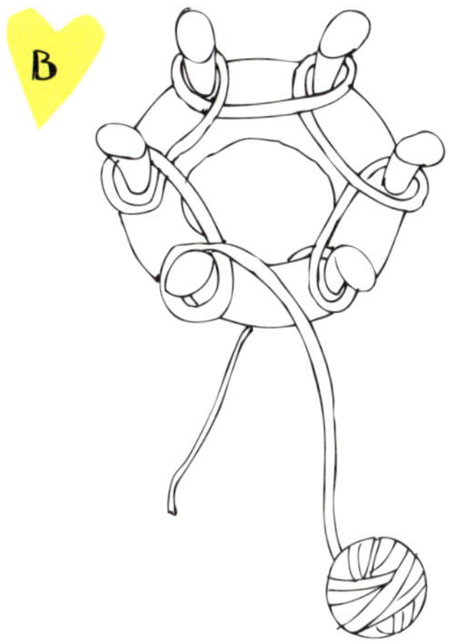

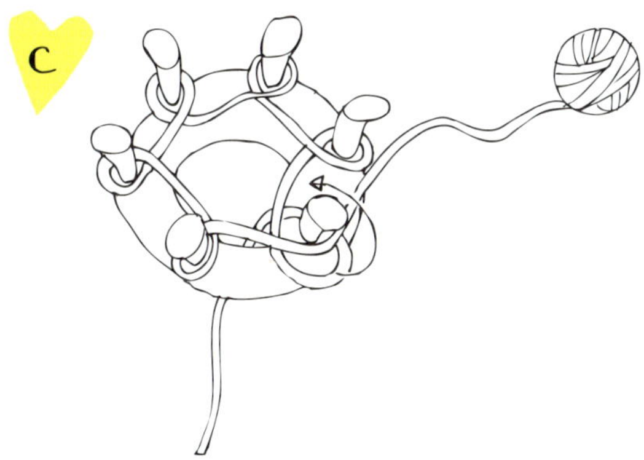

Das Wichtigste übers Verfilzen

Wenn man seinen schönen Wollpulli in der Waschmaschine zu heiß wäscht, kommt er leider meist als ziemlich kleines, festes Ding wieder raus. Das ist zwar erst einmal schade um den Pullover, wird aber in Handwerk und Industrie extra gemacht. Man spricht bei fertigen verfilzten Geweben oder Gestricken (z. B. Loden) von Walkstoffen. Wollfasern und andere tierische Fasern sind ja eigentlich Haare und haben schuppenförmige Oberflächen. In Kombination mit warmem Wasser und Seife stellen sich die Schuppen auf. Durch mechanisches Walken (zum Beispiel in der Waschmaschine) durchdringen und umschlingen sich die einzelnen Fasern. Die aufgestellten Schuppen verhaken sich so stark ineinander, dass sie nicht mehr zu lösen sind. Der Pulli schrumpft dabei stark, außerdem wird er auch viel dicker und fester. Die einzelnen Strickmaschen sind nicht mehr voneinander zu trennen, so dass man den Filz einfach zerschnippeln kann, ohne dass die Kanten aufrippeln. Da Walkfilze aus tierischen Fasern bestehen, denen zum Teil Zellwolle beigemischt worden ist, handelt es sich dabei um ein Naturprodukt, das biologisch abbaubar ist und ausgezeichnete Wärmeeigenschaften hat.

Unterschiedliche Wollstoffe haben unterschiedliche Eigenschaften. Deshalb weiß man im Voraus so gut wie nie, wie einem Wollstück die Waschmaschinenbehandlung gefällt. Geeignet ist aber jede Art von Wolle, die nach »Handwäsche« verlangt.

Möglichst heiß waschen ist die Devise. Und für Stress sorgen, also beispielsweise Tennisbälle, Jeans oder Ähnliches mitwaschen, die walken die Kleidungsstücke gründlich durch.

Nach dem Waschen das Kleidungsstück gut in Form ziehen und liegend trocknen lassen.

wie war das noch mal ?

?!

Hier findest du die häufigsten Stickstiche und eine kurze Erklärung, wie sie funktionieren.

Die wichtigsten Stickstiche

Vorstich

Der Vorstich besteht aus gleichmäßig in eine Richtung gestickten Stichen: Man macht einen Knoten in den Faden, sticht an einer Stelle von der Rückseite ein, überspringt ein wenig Material und sticht wieder von der Vorderseite ein usw. Rechtshänder machen das von rechts nach links.

Rückstich oder Steppstich

Der Rückstich ist ein Linienstich, der von rechts nach links gestickt wird; man »malt« mit ihm sozusagen die gewünschten Konturen. Der Fadenverbrauch auf der Rückseite ist doppelt so hoch wie auf der Vorderseite.

Zuerst ein Knötchen in den Faden machen. Die Nadel wird einige Millimeter vor dem rechten Ende der gewünschten Linie von der Rückseite zur Oberfläche geführt. Nun rechts ins Ende der Linie einstechen. Die Nadel wird dann über die doppelte Stichlänge auf der Rückseite der Stickerei geführt, bis sie eine Stichlänge vor dem letzten Stich wieder zur Oberfläche kommt. Der zweite Stich wird durch die Einstichstelle des ersten Stiches geführt usw.

Stielstich

Der Stielstich gehört ebenfalls zu den Rückstichen. Man kann ihn gut als Konturenstich auf geraden Linien verwenden, da er eine interessante »Seiloptik« hat. Für Rundungen eignet er sich nicht so gut.

Es wird von links nach rechts gearbeitet. Erst einmal wieder einen Knoten in den Faden machen. Dann von hinten aus dem Stoff stechen und eine volle Stichlänge weiter (ca. 0,5 cm) wieder in den Stoff einstechen. Auf der Rückseite geht man nun um eine halbe Stichlänge zurück und sticht aus dem Stoff, ohne dabei den Faden zu verletzen. Dafür sollte man den vorhergehenden Stich locker lassen und den Faden immer auf die gleiche Seite ziehen. Wenn die Nadel wieder auf der Stoffoberseite ist, wird der Stich festgezogen.

Plattstich

Der Plattstich ist ein Flächenstich. Mit ihm kann man größere Flächen »bemalen«. Dazu malt man sich am besten das gewünschte Motiv mit einem auswaschbaren Stift vor. Das geht besonders gut, wenn man den Stoff auf einen Stickrahmen spannt. Die einzelnen Stiche des Plattstichs liegen parallel und werden immer in die gleiche Richtung gestickt.

Den Faden verknoten und von der Rückseite auf der Musterlinie nach vorne stechen. Durch einen gegenüberliegenden Punkt wieder einstechen. Den Faden unter dem Stoff durchführen und direkt neben dem ersten Ausstichpunkt wieder ausstechen usw.

Vorstich

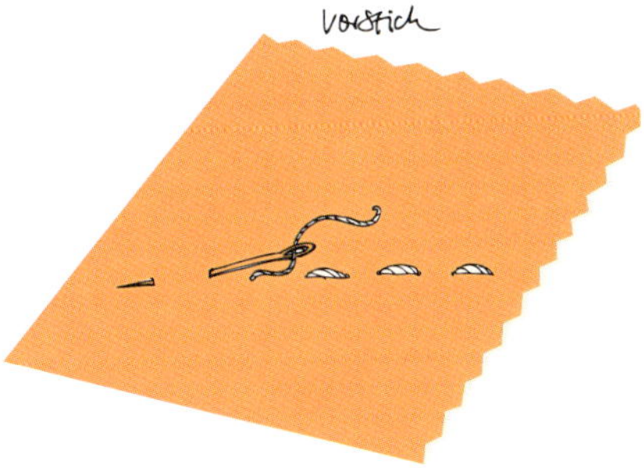

Rückstich

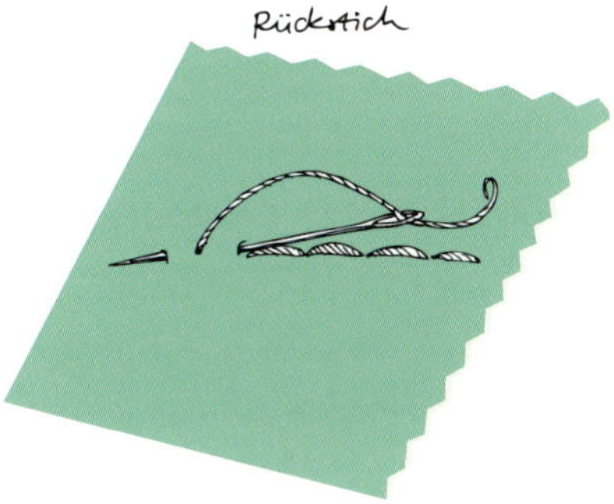

Stielstich

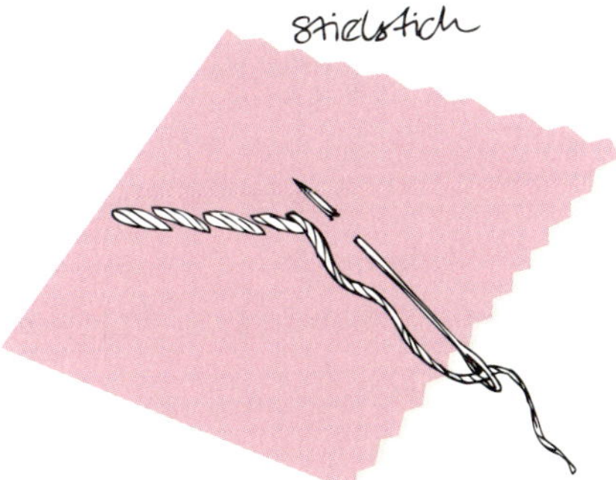

Plattstich

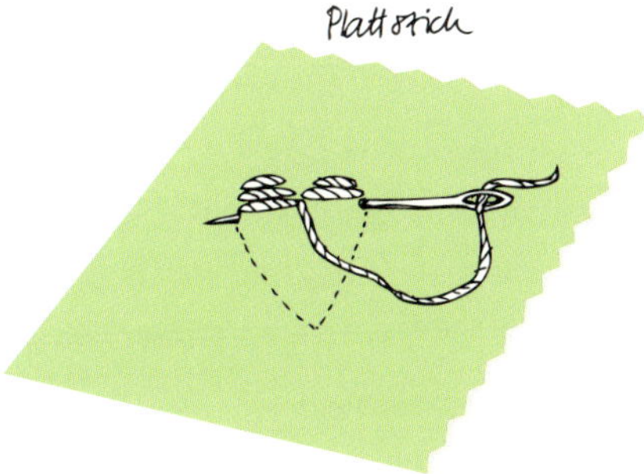

So gehen Pompons

Aus Karton zwei Kreise in Pompongröße zuschneiden. Ein »Tortenstück« und das Innere der Kreise ausschneiden. Zwischen die beiden Pappen einen festen Faden legen. Wenn man das zuerst macht, hat man später weniger Arbeit.
Anschließend rundherum und rundherum viel Wolle wickeln. Die Pappe darf nicht mehr zu sehen sein; es soll ein richtig dicker Wollwulst entstehen und das Loch in der Mitte soll ganz klein werden. Den festen Faden fest zuziehen. Die Wollwulst rundherum aufschneiden und den festen Faden richtig fest verknoten. Die Pappen abmachen und den Pompon frisieren. Das funktioniert gut, wenn man ihn einfach von allen Seiten mal platt drückt und die Kanten stutzt.

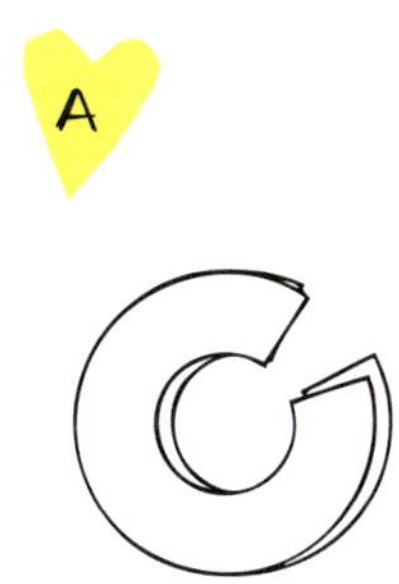

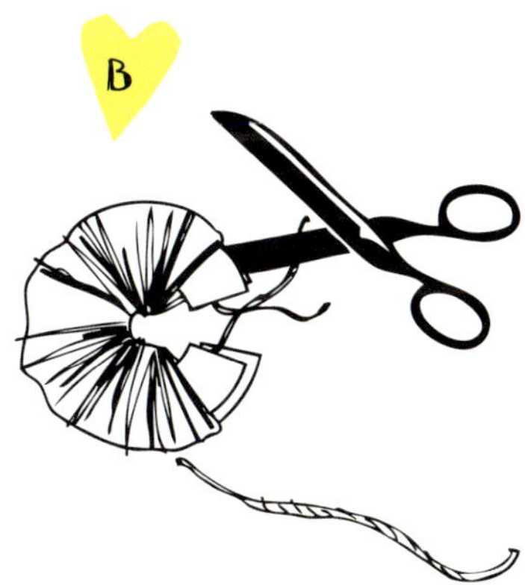

Tipp:

Noch einfacher geht das mit einem Pompon-Maker (z. B. von Clover). Das ist ein kleines Werkzeug aus Metall und Plastik, das anstatt der Pappscheiben genommen werden kann. Es lässt sich super leicht zusammenstecken und ist endlos wieder verwendbar.

wie war das noch mal ?

Rüschen und Falten

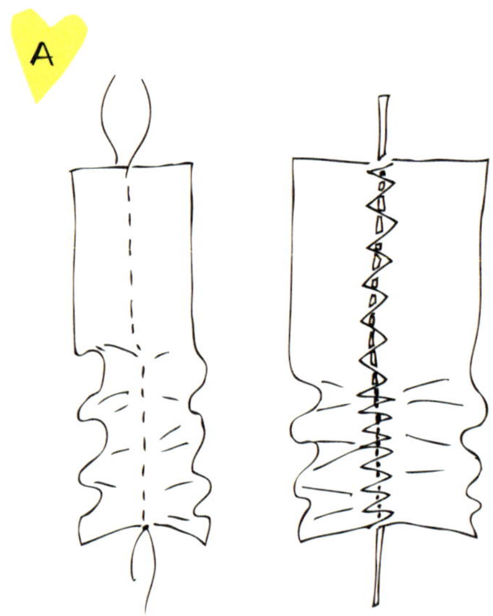

Es gibt verschiedene Techniken, um Kleidung mit individuellen Rüschen und Falten zu versehen und schmücken. Hier ein paar einfache Vorschläge:

Einkräuseln/Rüschen (A)

Mit Steppnaht: Für diese gezogenen Rüschen steppt man einen Stoffstreifen mit langem Steppstich oder Kräuselstich durch, verknotet die Fadenenden an einer Seite und zieht an einem Faden auf der anderen Seite. Den Stoff schiebt man dann an einem Nahtende zusammen, wobei man das regelmäßig oder wild machen kann.

Mit einer Kordel: Bei sehr festen Stoffen funktioniert das besser, wenn man eine ebenmäßige Kordel mit einem Zickzackstich auf den Stoffstreifen näht. Dabei auf keinen Fall **in** die Kordel nähen.

Als Volants: Für Volants schneidet man kreisförmige Stoffteile ringförmig aus. Die kurze gebogene Kante setzt man mit einer geraden Naht an.

Kellerfalte (B)

Bei der sogenannten Kellerfalte stoßen die Brüche zweier zueinandergelegter Falten in der Mitte der Faltentiefe aneinander. Entlang jeder Bruchkante werden beide Falten an den unterliegenden Stoff angenäht. Am Ende dieser Naht bildet sich dann eine tiefe Springfalte.
Wie tief soll die Falte sein? Und wo soll sie sitzen? Vom Mittelpunkt der gewünschten Falte in beide Richtungen die gewünschte Faltentiefe markieren (= doppelt so großer Abstand!). Diese beiden Markierungen exakt zueinanderlegen. Die Falte an der oberen Kante mit einer Naht sichern und die Faltenbrüche bis zum aufspringenden Teil absteppen.
Mehrere Kellerfalten nebeneinander nennt man Rockfalten.

B

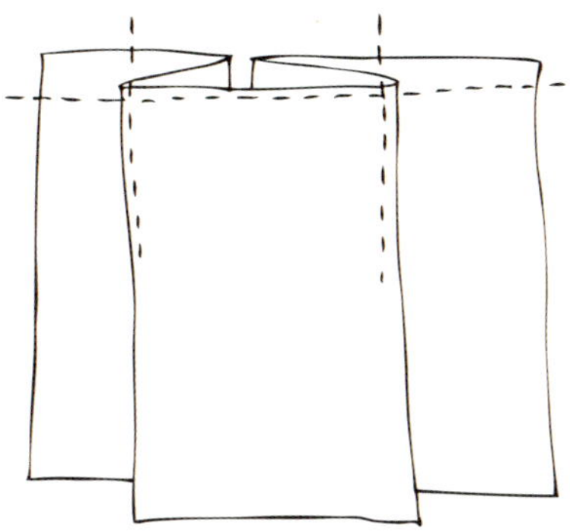

C

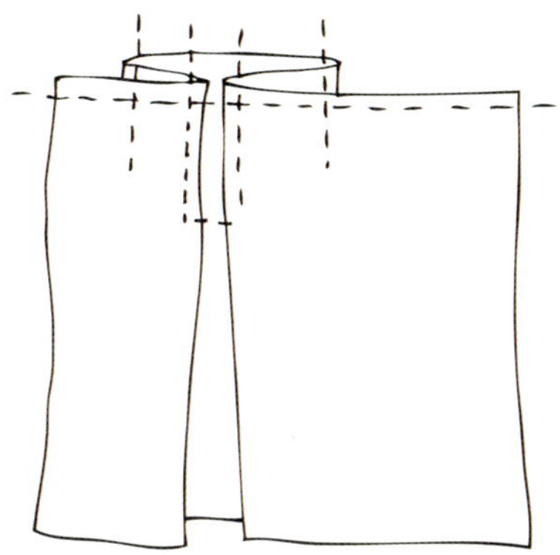

D

Quetschfalte (C)

Die Quetschfalte ist im Grunde eine umgedrehte Kellerfalte. Die Faltenbrüche stoßen hier innen zusammen. Um die Falten zu sichern, heftet man sie einfach wieder an der oberen Kante an und steppt sie entlang der äußeren Bruchkante ab.

Messerfalte oder einseitige Falte (D)

Messerfalten werden an in gleichmäßigem Abstand markierten Linien gesetzt und weisen alle in dieselbe Richtung. Man kann natürlich auch nur eine einzelne Messerfalte machen. Eine solche einzelne Falte mittig an einem Rock wird Golffalte genannt.

Die erste markierte Linie für mehrere Messerfalten wird mit der rechten Stoffseite nach oben bis zur zweiten markierten Linie gefaltet. In der gleichen Richtung beliebig oft wiederholen. Zum Sichern einfach quer über die Faltenoberkanten steppen. Man kann jede Falte dicht an der gefalteten Kante feststeppen.

Das Beste gleich am Anfang

Ein bisschen Stolz darf sein. Wenn man nach schweißtreibender Kopf- und Fingerarbeit endlich das neue Kleidungsstück in den Händen hält, darf man sich auch ruhig mal auf die Schulter klopfen. Toll gemacht! Und weil jedes neue Kleidungsstück etwas ganz Besonderes ist, sollte man es entsprechend würdigen und sich ein kleines Denkmal setzen: das eigene Label in der eigenen Kreation. Möglichkeiten gibt es dafür viele. Man kann sich Wäschebänder besticken lassen (Adressen im Anhang). Oder man stellt sich schöne Stempel her, mit denen man sich seine Schildchen in allen Farben auf Stoffrestchen drucken kann … oder direkt in den Kragen hinein.

Wie praktisch, dass du dafür auch gleich meine Vorlagen benutzen kannst. Du findest Sie hinten im Buch auf Seite 121.

Ich mach mir mein Label selber

(Schildchen und Etiketten selber drucken)

Steckbrief

Materialien:

- Textil-Stempelkissen
- Stoffreste

Werkzeuge:

- Computer
- Scanner und Drucker
- Evtl. Bildbearbeitungs-software

Geht's?: *

Zeitplan: Vorlage ca. 20 Minuten; stempeln, trocknen, fixieren: blitzschnell!

Bevor es losgeht:

Alle Stoffe waschen und trocknen.
Überlegen: welches Format soll der Stempel bekommen? Dazu kann man dann mal die Preise vergleichen.

Und so einfach geht's:

Step A: Erst einmal musst du dir eine Vorlage anfertigen. Entweder machst du das selber (per Hand oder am Computer), oder du nimmst eine meiner Vorlagen. Die kannst du gerne scannen und am Computer bearbeiten. Da du auf Stoff drucken willst, sollten die Linien nicht zu fein und die Schriften nicht zu klein werden.

Step B: Das Motiv muss dann irgendwie zum Stempelmacher kommen. Ich habe eine Online-Stempelfirma ausgesucht (siehe Adressteil). Zu der schickt man das Bild online als TIF, JPG, BMP, GIF oder PNG. Genaueres zu den Formaten und zur Auflösung findet man auf deren Website. Bei manchen Anbietern muss das Bild gespiegelt sein. Das macht man am Rechner oder im Copyshop.

Step C: Und nun bleibt nur noch zu warten, bis das Päckchen ankommt. Dann kannst du fröhlich drauflos stempeln. Besonders gut eignen sich sehr ebenmäßige Baumwollstoffe. Alle Drucke gut trocknen lassen und zum Fixieren bügeln.

gut behütet

Mütze & Schal aus dem Ex (-Lieblingswollpullover)

mit Strickbommel

Irgendwann wird einem alles zu bunt! Und ein pinkfarbener Pullover erscheint einem zu aufdringlich. Doch die Reinkarnation als Accessoires-Kombi kann einem graue Wintertage aufhellen …

Steckbrief

Materialien:

- Strickpullover
- passendes Strickgarn
- Füllwatte

Werkzeuge:

- kleine Schere
- Stoffschere
- Strickring mit ca. 10 cm Durchmesser
- Stopfnadel

Geht's?: **

Zeitplan: ca. 2 Stunden

Bevor es losgeht:

Ist der Pulli nur doof oder auch löchrig? Den Pullover gründlich nach Laufmaschen oder Löchern absuchen, die wollen wir nicht in unserer Mütze haben. Einzelne Fehler auf einer Seite oder im oberen Teil des Pullovers machen nix, wir benötigen ihn nicht komplett.

Und so einfach geht's:

Step A: Die Ärmel vom Rest des Pullis abtrennen. Bei industriell hergestellten Pullovern sind die einzelnen Teile meist mit einer Naht versehen, die sich vom Ende her aufrippeln lässt. Da muss man nur das richtige Ende finden …
Dann die Seiten- und Schulternähte ebenfalls auftrennen.

A

Step B: Das Vorderteil in 35 cm Höhe abschneiden. Kurze Fädchen abpulen und durch die offenen Maschen einen Wollfaden ziehen (durch jede einzelne!).

Step C: Per Hand die Seitennähte zum Schlauch schließen. Dabei kann man sich überlegen, welches Maschenbild man später außen haben möchte, ich fand die glatten linken Maschen gut. Den oben durchgezogenen Faden zusammenziehen und verknoten.

Step D: Mit dem Strickring einen 10 cm langen Schlauch stricken, ein Ende zuziehen, verknoten und Fadenenden abschneiden. Schlauch mit Füllwatte füllen, das andere Ende zuziehen und verknoten. Mit den Fadenenden an der Mütze befestigen.

Step E: Die Ärmel wie in der Illustration zum Schal zusammennähen.

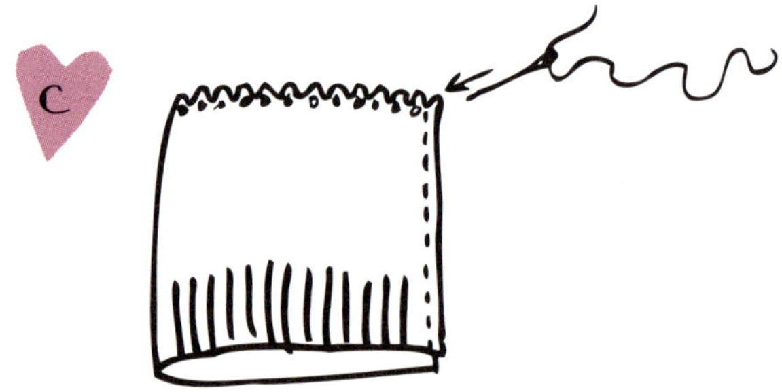

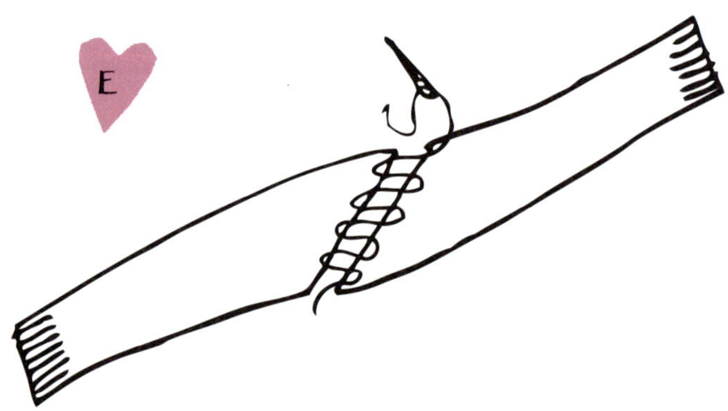

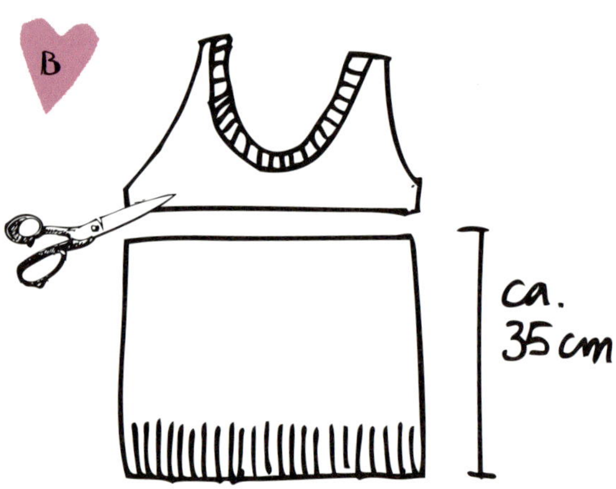

Dieser Pudel ist speziell: kein Pompon, sondern ein Strickball! Wie wär's mit mehreren davon?

Das breite Bündchen des Pullovers ist ein schicker Abschluss für die Mütze. Und alles, ohne Stricken zu können ...

tipp:

Auch Wollmützen tut eine Haarkur gut. Das macht die Fasern geschmeidig.

Snood mit zwei Komponenten

Ganz gleich, ob du ihn Snood oder Loop oder Tube nennst: Er hält auf jeden Fall schön warm. Und gegen kalte Ohren kann man ihn sich auch über den Kopf ziehen.

Steckbrief

Materialien:

- zwei alte Wollpullis in ähnlicher Größe
- passendes Garn

Werkzeuge:

- Stoffschere
- Nähmaschine
- Stecknadeln
- Nähnadel
- Garn

Geht's?: *

Zeitplan: 1 Stunde

Bevor es losgeht:

Zuerst einmal die Anleitungs-Illustrationen genau studieren. Es ist zwar total easy, aber nur, wenn man die beiden Teile richtig aneinandernäht!

Und so einfach geht's:

Step A: Die Pullover zerschneiden. Wir brauchen nur den Teil, der einem sonst Bauch und Nierchen warm hält.

Step B: Die beiden Pullover-Tunnel rechts auf rechts ineinanderstecken, so dass die abgeschnittenen Kanten aufeinanderliegen. Diese Kante rundherum mit der Nähmaschine zusteppen. Zum Sichern der Maschen diese Naht mit Zickzackstich nachnähen.

Step C: Nun kommt der Teil, bei dem man sich leicht vertun kann: Den inneren Pullover wieder aus dem äußeren holen, beide Pullis sind nun auf links gedreht. Beide offenen Enden zusammenführen und diese Kante (es war das Bündchen der Pullis, deshalb müssen wir hier nicht einmal versäubern) auch rundherum zusteppen. Dabei eine ca. 10 cm lange Öffnung zum Wenden lassen.

Step D: Den Schlauch wenden und die Öffnung per Hand verschließen.

A

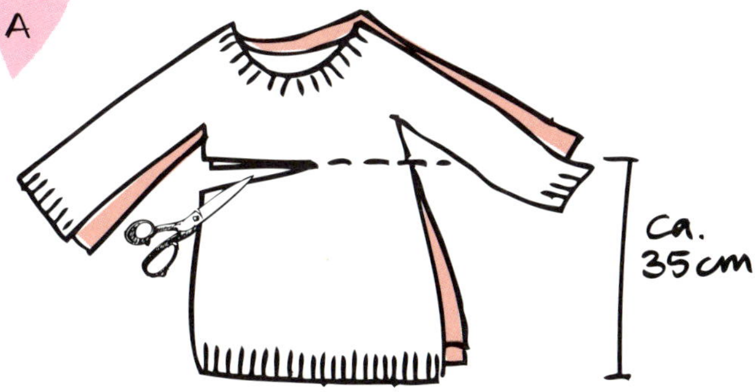

B

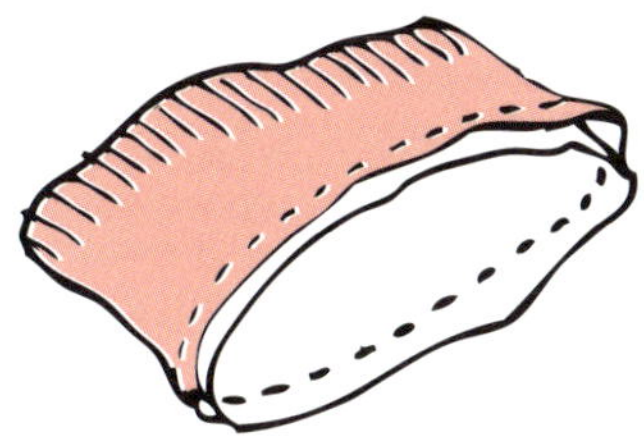

C

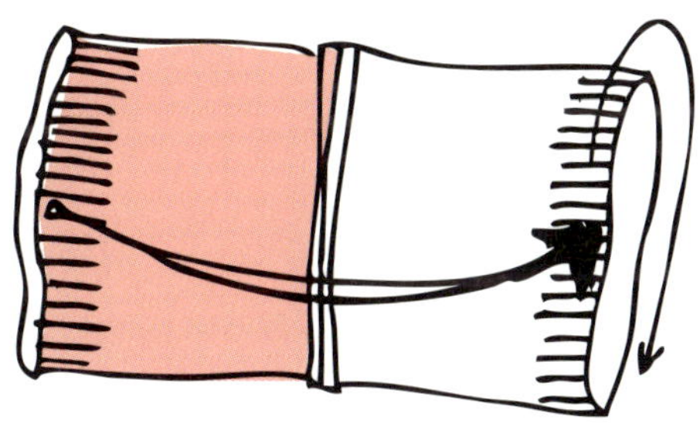

D

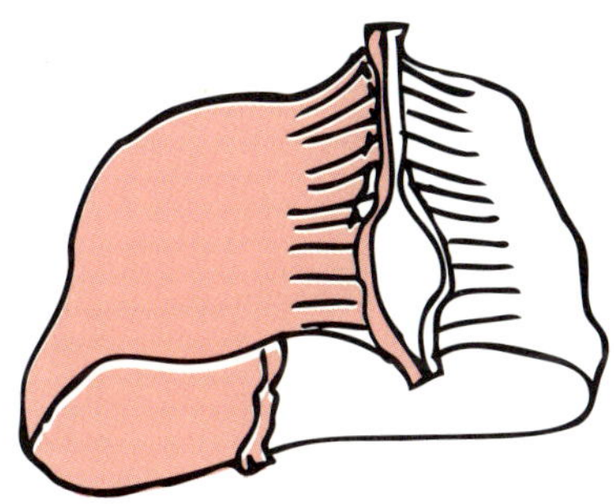

Halsumschmeichler – Tücherpatchwork

Ohne die will man eigentlich nicht mehr aus dem Haus: farbige Tücher mit wilden Borten oder unterschiedlichen Mustern.

Steckbrief

Materialien:

- alte Tücher in allen Musterungen
- Textil- und Batikfarbe
- Zackenlitze, Bommelborte, Spitzen …

Werkzeuge:

- Stoffschere
- Nähmaschine
- passende Nähgarne
- Stecknadeln

Geht's?: *

Zeitplan: Rucki-Zucki fertig!

Tipp:

Statt alten Tüchern kann man natürlich auch Stoffreste, Teile von alten Hemden oder Shirts nehmen. Oder man macht sich auf gleiche Weise eine schöne Wolldecke aus gebrauchten Wollpullovern.

Bevor es losgeht:

Die Tücher natürlich waschen. Und diesmal wirklich ordentlich bügeln, das erleichtert das Nähen ungemein. Wenn du die Tücher färben willst, solltest du das jetzt tun. Unterschiedliche Stoffe reagieren unterschiedlich auf Farbe und Hitze. Dann gibt's die bösen Überraschungen nicht erst mit dem fertigen Tuch.

Und so einfach geht's:

Tuch A: Eigentlich kann man wild drauflosschneiden, ein Falsch gibt es nicht. Einfach, aber schick sieht es aus, wenn man zwei diagonal zerschnittene Tücher aneinandernäht, und zwar erst einmal mit einer geraden Steppnaht. Über die bügelt man dann noch einmal drüber, legt die Naht nach innen und näht noch eine weitere gerade Naht entlang der gesamten Kante. So fransen die Nahtzugaben nicht aus. Und außerdem hat man auch gleich noch gelernt, wie man eine Rechts-links-Naht oder französische Naht macht. Toll, oder? Tipp! Französische oder Rechts-links-Naht.

Tuch B: Für tolle Patchworkmuster näht man immer zwei Tuchstücke aneinander, umzickzackt die Kante (eventuell mit kontrastfarbenem Garn), bügelt sie zu einer Seite und steppt sie fest. Danach schneidet man das Tuch an einer anderen Stelle auseinander und näht wieder zwei schöne Teile aneinander. Das führt man immer so weiter. Es ergeben sich daraus am Schluss zwei schöne unterschiedliche Patchworktücher.

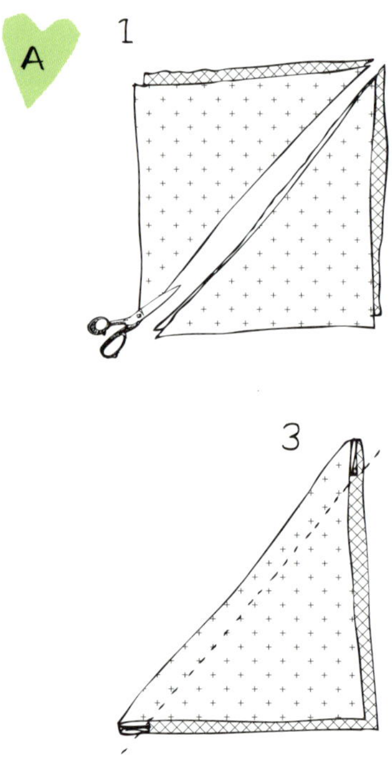

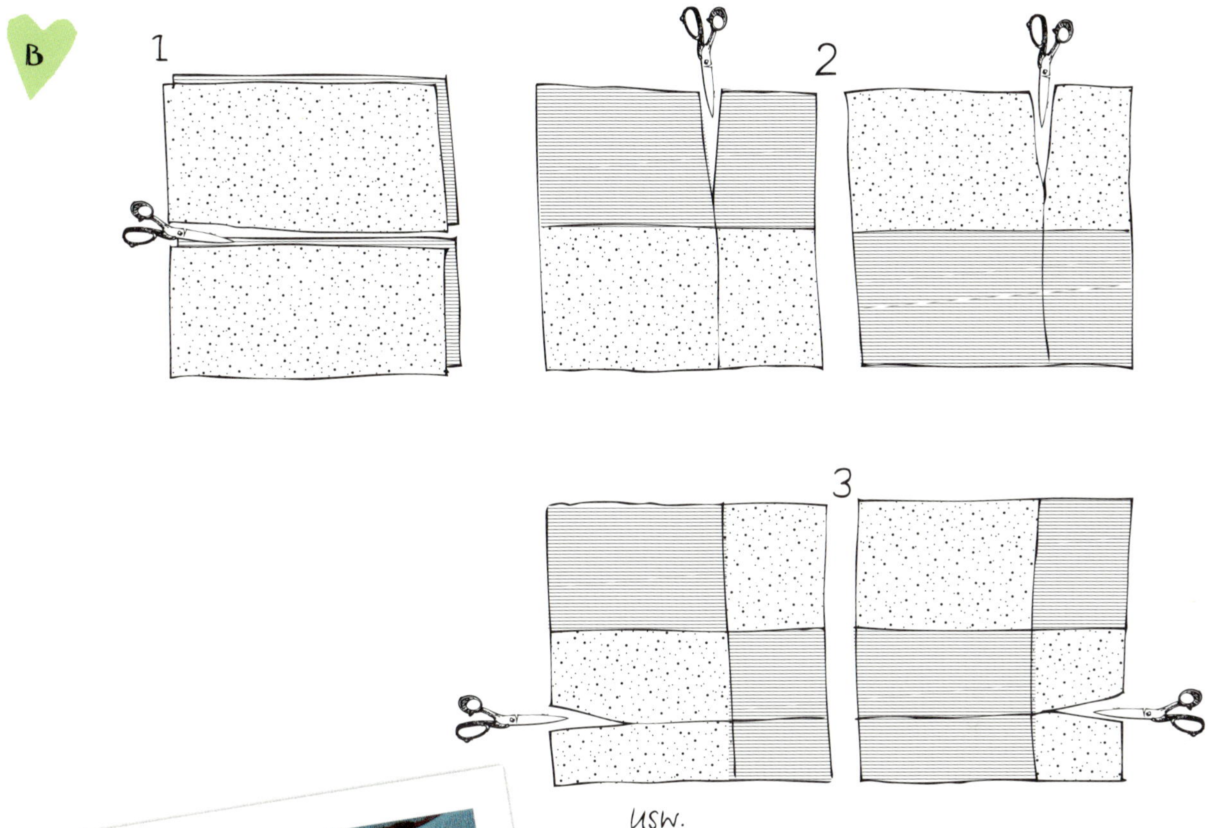

TIPP:
Außenherum kann man wunderbar schöne Bommelborten oder Spitzen nähen. Die kann man auch vorher einfärben.

Schlauchzopf – Schal aus langen Strümpfen

Seemannsknoten ahoi! Die eine oder andere Pfadfinderin erinnert sich vielleicht noch an den schönen türkischen Endlosknoten. Dieser hier ist gigantisch, dafür aber einfach herzustellen.

Steckbrief

Materialien:

- ungefähr 12 alte Kniestrümpfe
- Füllwatte (z. B. aus Kisseninletts)

Werkzeuge:

- Stoffschere
- Nähmaschine
- passendes Nähgarn
- Nähnadel

Geht's?:*

Zeitplan: 1 Stunde

Bevor es losgeht:

Zunächst erst mal alle Socken gründlich waschen. Wir benötigen nur den Schaft, den löchrigen Fußteil kann man also getrost abschneiden und wegwerfen.

Und so einfach geht's:

Step A: Jeweils ca. 4 Sockenschäfte zu einem langen Schlauch zusammennähen. Wenn man keine Freiarmnähmaschine hat, muss man das leider per Hand machen.

Step B: Die Schläuche locker mit Füllwatte füllen und ganz easy einige Schläge flechten.

Step C: Ende und Anfang zusammenbringen und die einzelnen Stränge per Hand zusammennähen.

C

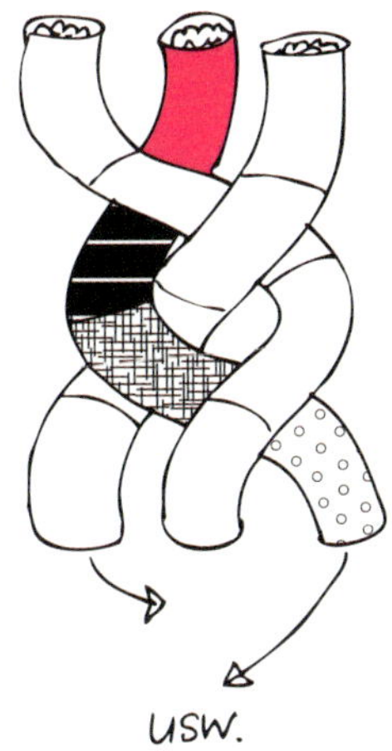

A

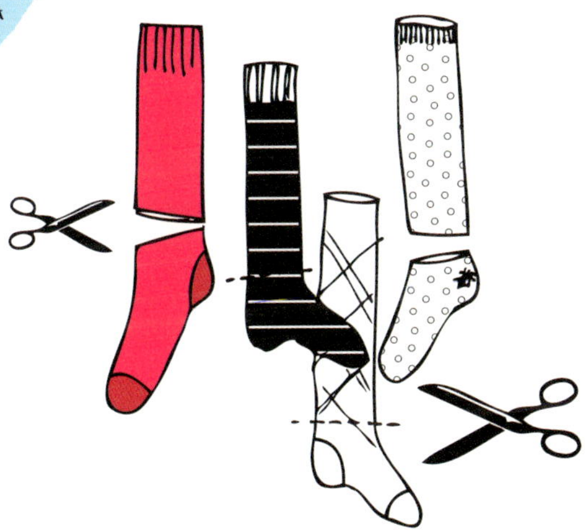

B

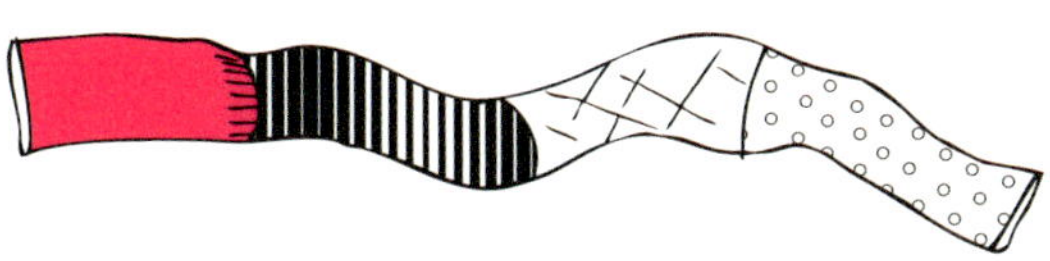

roben
für oben

Aufgehübscht –
Jersey-Shirt mit Faltenrüschen

Ein lahmes Shirt kommt mit ein wenig Glamour wieder zu neuen Ehren. Und noch ein Vorteil: Das Jerseymaterial verzeiht auch mal einen schiefen Schnitt oder einen falschen Stich.

Steckbrief

Materialien:

- langweiliges Shirt oder Pullover
- Jerseyreste oder alte Shirts

Werkzeuge:

- Stoffschere
- Nähmaschine
- passendes Nähgarn
- Stecknadeln

Geht's?: **

Zeitplan: je nach Rüschenanzahl

Bevor es losgeht:

Gut überlegen, ob man das Shirt oder den Pullover wirklich nicht mehr will, aber: Es lohnt sich!

Und so einfach geht's:

Step A: Aus den Jerseyresten Streifen für die Rüschen schneiden: Die können rechteckig oder zu den Enden hin zulaufend sein, gebogen oder schneckenförmig (weitere Rüschenanleitungen findest du auch im Basic-Teil auf Seite 22).

Step B: Den Streifen in einfache überlappende Falten legen (daher der Name Faltenrüsche), dabei kann man wunderbar die Schulter definieren oder die Rundung des Ausschnitts verfolgen.

Step C: Die Rüschen von innen nach außen oder von unten nach oben am Shirt feststecken und mit der Nähmaschine ansteppen.

Sternenregen – Pullover mit auffälligen, dekorativ gestickten Löchern

Da die Qualität von Strickwaren auch nicht mehr die ist, die sie mal war, kommt schon mal das eine oder andere Stück löchrig aus der Waschmaschine. Oder waren da etwa gar die Motten dran? Egal, jedenfalls nicht wegschmeißen, sondern die Gelegenheit nutzen!

Steckbrief

Materialien:

- löchrigen Pulli
- Stickgarne
- Bügelvlieseline

Werkzeuge:

- Bügeleisen und Bügelbrett
- Sticknadel
- ggf. Stickring
- ggf. Stopf-Ei oder Stopf-Pilz
- ggf. Schneiderkreide

Geht's?: *

Zeitplan: ca. 3 bis 4 Stunden, je nach Muster

EXA 1b

Bevor es losgeht:

Alle Löcher suchen.
Pullover bügeln, besonders die Löcher.
Aus der Vlieseline kleine Vierecke ausschneiden.
Verschiedene Motive zur Inspiration auf Papier skizzieren.

Und so einfach geht's:

Step A: Auf der Rückseite des Pullovers über jedes Loch ein Stück Vlieseline bügeln. Pullover wenden. Wenn man mag, kann man den Arbeitsbereich in einen Stickrahmen einspannen. Oder man arbeitet mit einem Stopf-Ei, damit man den Stoff immer etwas gespannt hat.

Step B: Nun einfache Motive frei Hand aufsticken. Stickstiche findet ihr im Basic-Teil (siehe Seite 20). Dabei ruhig mal die Farbe wechseln.

Step C: Nach getaner Arbeit noch mal alles schön bügeln und dem Freund zum Geburtstag schenken.

Patchwork-Pullis

zwei alt zu zwei neu

Bestimmt hat jede von euch einige sehr langweilige einfarbige Pullis im Schrank. Die kann man gut miteinander verbinden: als Patchwork-Streifen, Patchwork-Quadrate, Patchwork-Dreiecke usw.

Steckbrief

Materialien:

‡ zwei ungefähr gleich große Pullis, die ruhig etwas weiter sein können, durch das Nähen werden sie etwas kleiner

Werkzeuge:

‡ Stoffschere
‡ Nähmaschine
‡ evtl. Overlockmaschine

Geht's?: **

Zeitplan: ca. 2 Stunden

Für dieses Projekt ist eine Overlockmaschine Gold wert! Viele »normale« Nähmaschinen haben aber auch einen elastischen Zickzackstich (mal die Gebrauchsanweisung fragen), der sich super für Jersey eignet.

Bevor es losgeht:

Noch einmal draufschauen, ob nicht gerade der Lieblingspulli bei den ausgewählten Stücken dabei ist.

Und so einfach geht's:

Step A: Pullis einmal genau gleich zerschneiden. Das klappt gut, wenn man sie exakt aufeinanderlegt.

Step B: Nun zwei unterschiedliche Teile wieder aneinandernähen. Die Nahtzugaben miteinander verzickzacken. Oder mit der Overlock-Maschine versäubern (wenn man eine hat).

Step C: Pullis wieder gleich zerschneiden, wieder zusammensetzen usw. Die Nahtstellen werden etwas dicker, deshalb nicht zu viele Nähte an einem Punkt zusammentreffen lassen.

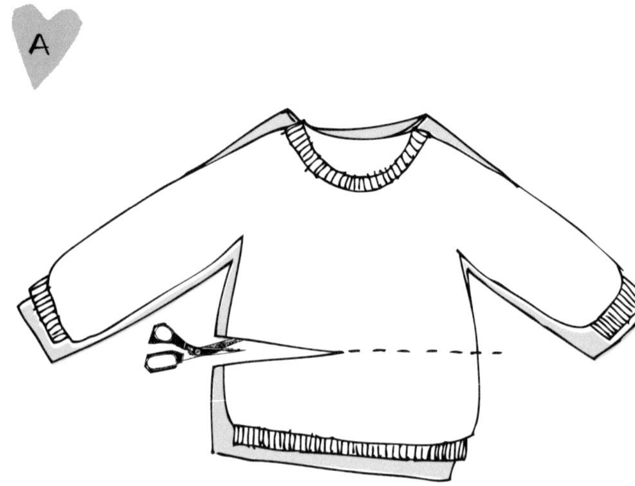

B

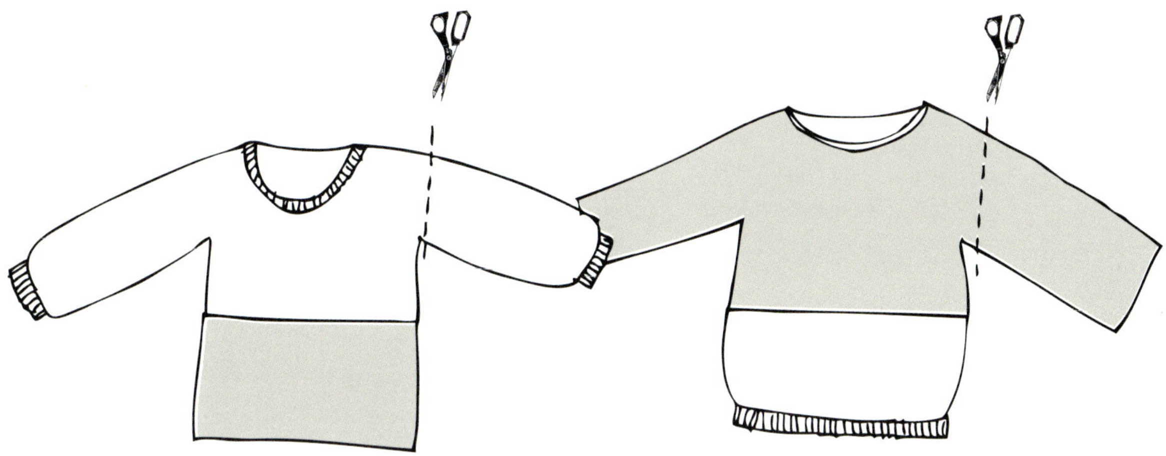

C

usw.

Für Copycats –

Shirt mit Transfermotiven

Ich geb es zu: Die Transferpaste ist nicht so einfach zu bekommen; ich finde aber, sie lohnt sich!

Steckbrief

Materialien:

- langweiliges Kleidungsstück
- unterschiedliche Motive als Fotokopie (zum Beispiel aus dem Schnippelbuch, siehe Anhang)
- Transferpaste (siehe Anhang)

Werkzeuge:

- Papierschere
- Pinsel
- Schwamm und Schüssel

Geht's?: **

Zeitplan: ca. 1/2 bis 1 Stunde. Plus Trockenzeiten!

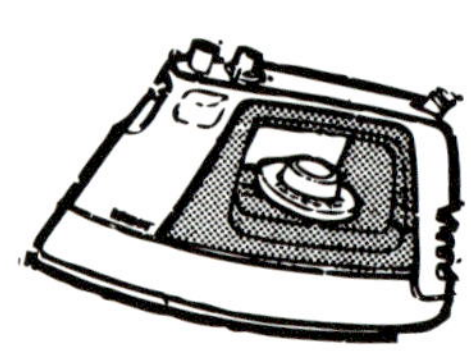

Bevor es losgeht:

Kleidungsstück gut waschen und trocknen.
Motive auswählen und fotokopieren.
Achtung, sie sind später spiegelverkehrt!

Gut essen
&trinken

Und so einfach geht's:

Step A: Motive knappkantig ausschneiden und mit der Transferpaste bestreichen. Mit der bestrichenen Seite auf das Kleidungsstück pressen. Sehr gut trocknen lassen, am besten über Nacht.

Step B: Mit warmem Wasser, einem Schwamm und den Fingern das Papier gut durchweichen und vorsichtig ablösen. Dazu mit kreisenden Bewegungen arbeiten. Einmal alles trocknen lassen.

Step C: Wenn noch Papierfasern übrig geblieben sind, diese sorgfältig mit dem feuchten Finger entfernen. Alles wieder gründlich trocknen lassen.

Step D: Zum Fixieren die Motive erneut mit der Transferpaste bestreichen. Dabei nicht zu sehr über die Motivränder gehen. Nun wieder – richtig: trocknen lassen!

tipp:

Wenn man mit Chemikalien hantiert, sollte man immer Handschuhe anziehen, Hautkontakt vermeiden und den Arbeitsraum ausreichend lüften!

Wildvögel – Sweater mit Aufbügelschwalben

Nehmt mich mit in den Süden, liebe Schwalben! Und wenn das nicht geht, schenkt mir wenigstens einen kuschligen Schwalbenpullover. Eine Kopiervorlage für die Schwalben findet ihr auf Seite 119.

Steckbrief

Materialien:

- langweiliges Kleidungsstück
- Flex- und Flockfolien zum Aufbügeln (siehe Adressen)
- Backpapier

Werkzeuge:

- Schere
- Bügeleisen und Bügelbrett
- Folienschreiber zum Vormalen

Geht's?: *

Zeitplan: ca. 1 Stunde

Bevor es losgeht:

Das ausgewählte Kleidungsstück sorgfältig waschen, trocknen und bügeln.

Und so einfach geht's:

Step A: Die gewünschten Motive auf der Schutzfolie vorzeichnen. Sollte die Folie keine Schutzfolie haben, das Motiv dünn auf der Rückseite markieren. Dann exakt ausschneiden.

Step B: Auf der Folienverpackung steht genau, bei welcher Temperatur man die Motive aufbügeln kann. Dabei zum Schutz das Backpapier zwischenlegen.

Step C: Alles gut abkühlen lassen und ggf. die Schutzfolie abziehen.

Wow statt grau – T-Shirt mit aufgebügelten Polygonen

Neue Motive auf dem Shirt, ohne auch nur eine einzige Naht nähen zu müssen: Das macht Spaß und geht echt super einfach.
Eine Kopiervorlage für die Polygone findet ihr auf Seite 118.

Steckbrief

Materialien:

‡ ödes Kleidungsstück
‡ Stoffreste aller Art, am besten unelastisch
‡ doppelseitig haftendes Bügelvlies (Vliesofix)

Werkzeuge:

‡ Stoffschere
‡ Bleistift
‡ Bügeleisen und Bügelbrett
‡ Geschirrhandtuch oder Backpapier zum Schutz des Kleidungsstücks, des Bügeleisens und des Bügelbretts

Geht's?: *

Zeitplan: ein bis zwei Stunden, je nach Motiv

Tipp: Die Bügelmotive kann man immer wieder festbügeln, sollten sie sich durch wiederholtes Waschen ein wenig ablösen.

Bevor es losgeht:
Kleidungsstück und Stoffe waschen, trocknen und bügeln. Motive überlegen.

Und so einfach geht's:

Step A: Mit dem Bleistift die Motive auf dem Trägerpapier des Bügelvlieses vorzeichnen. Achtung, so ist das Ergebnis auf jeden Fall spiegelverkehrt.

Step B: Motive grob ausschneiden und auf die Rückseite der Stoffreste bügeln, je heißer, desto besser. Dabei Backpapier oder ein Geschirrhandtuch zwischen Arbeitsstück und Bügeleisen legen.

Step C: Abkühlen lassen und Trägerpapier vorsichtig ablösen. Motive auf der Klamotte plazieren und gründlich aufbügeln, dabei wieder Schutzmaterial zwischenlegen.

A

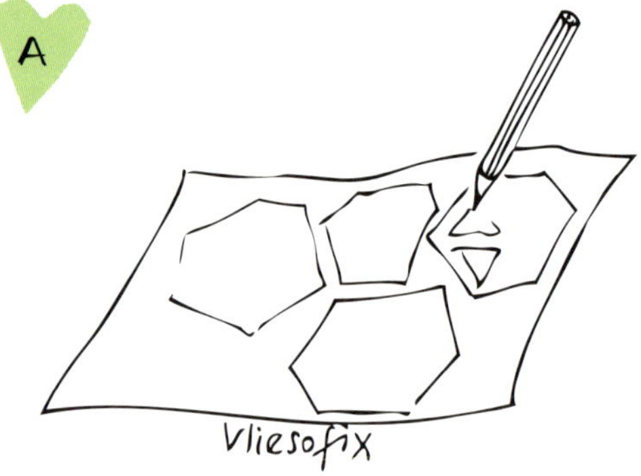

B

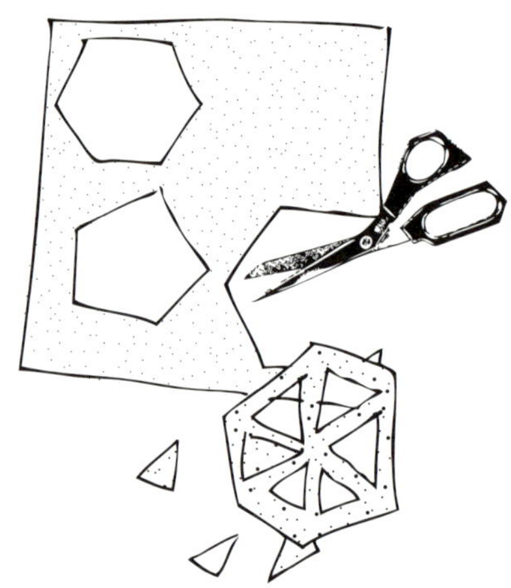

Tipp:

Raffinierte überlappende Muster schafft man, indem man die Motive an einigen Stellen sauber durchschneidet (siehe Skizze), ineinander arrangiert und den Schnitt mit einem anderen Motiv überdeckt.

C

Spitzeneinsatz – ein Pulli wird sexy

Wenn das Oma wüsste: Ihre Spitzendeckchen verhelfen uns zu rücken- (oder bauch- oder alles-)freien Ansichten. So wird ein braver Pulli noch zum raffinierten Verführer.

Steckbrief

Materialien:

- langweiliges Oberteil
- Spitzendeckchen (gehäkelt, geklöppelt, geknüpft) aus Naturfasern
- eventuell Textil-Echtfarbe

Werkzeuge:

- Stecknadeln
- Nähmaschine
- passendes Nähgarn
- Stoffschere

Geht's?: *

Zeitplan: ein bis zwei Stunden

Bevor es losgeht:

Wenn du magst, kannst du die Spitzen vorher einfärben. Wie das geht, steht auf der Farbpackung. Danach gut trocknen lassen.

Besonders reizvoll ist eine Kombination aus ganz unterschiedlichen Materialien. Es eignen sich daher auch wollige Mohairpullover oder verrückte Lurexteile.

Selbst unmoderne Schnitte und langweilige Kragenformen kriegen auf diese Weise eine zweite Chance.

Und so einfach geht's:

Step A: Oberteil anziehen und alle Falten rausstreichen. Die Spitzendeckchen sorgfältig mit vielen Stecknadeln anstecken. Dabei solltest du dir helfen lassen. Am allerbesten geht es sogar, wenn man nichts unter dem Oberteil trägt, dann steckt man nicht versehentlich das Shirt mit am Oberteil fest.

Step B: Oberteil vorsichtig ausziehen und von der rechten Seite aus alles sorgfältig annähen. Dabei drauf achten, keine Falten einzunähen, möglichst nah an der Spitzenkante zu bleiben und so das Motiv rundherum befestigen. Bei überlappenden

Motiven die einzelnen Lagen einfach übereinandernähen.
Wenn man eine Nähmaschine hat, bei der man den Freiarm um eine Art flache Platte ergänzen kann, sollte man das tun. Hier liegen die Stoffe eben übereinander, und man arbeitet keine falschen Rundungen ein.

Step C: Oberteil wenden und den Stoff unter den Motiven vorsichtig herausschneiden. Normalerweise rollen sich die Schnittkanten so zusammen, dass nichts aufrippelt. Alle losen Fäden abschneiden.

Tipp:
Bei Pullis aus sehr feiner Maschenware, die leicht aufrippelt, die Deckchen mit Zickzackstich annähen.

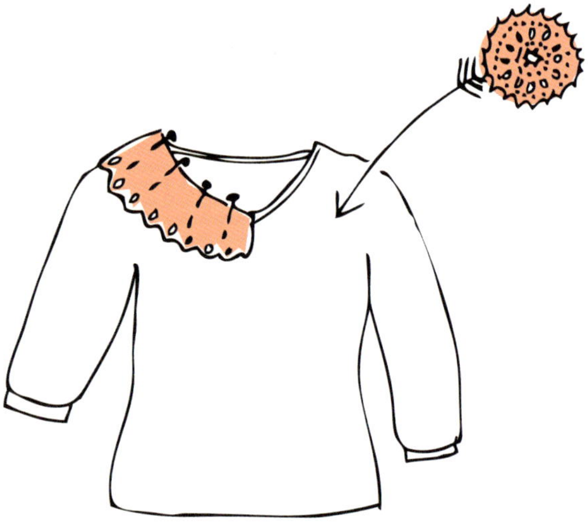

Für trübe Tage –
Regencape aus Wachstuchtischdecke

Beim Radeln kann ein Regenschirm hinderlich sein. Wenn man also sein Ziel stylisch und trotzdem trocken erreichen möchte, wirft man sich dieses Cape über.

Steckbrief

Materialien:

- Wachstuchtischdecke ca. 180 x 180 cm
- ca. 1 m Kordel
- 2 Ösen
- Nahtklebeband oder Nylon-Klebeflicken zum Abdichten der Nähte
- 1 Knopf
- 5 cm runde Gummilitze

Werkzeuge:

- Stoffschere
- Nähmaschine
- passendes Nähgarn
- Lochzange
- Hammer und feste Unterlage

Geht's?: ***

Zeitplan: 2 Stunden

Bevor es losgeht:

Für das Cape braucht man viel Platz. Deshalb den Arbeitsplatz schön freiräumen, sonst macht einen das Hantieren mit dem störrischen Material ganz verrückt. Wenn das Wachstuch stark geknickt war, kann man es mit einem warmen Föhn entknittern. Dabei nicht zu nah ans Material kommen, das verträgt es nicht!

Und so einfach geht's:

Step A: Das Wachstuch möglichst glatt auslegen. Einen Streifen 30 x 70 cm für die Kapuze und ein gleichseitiges Dreieck mit 20 cm Seitenlänge für den Ausschnitt zuschneiden.

Step B: Den »Rest« des Wachstuches zu einem großen Kreis schneiden. Große Kreise kann man gleichmäßig hinbekommen, wenn man eine Schnur in der Mitte des Wachstuchs mit Tesa festklebt und an das andere Ende einen weichen Bleistift knotet. Damit markiert man dann rundherum den Kreis. In der Mitte dieses runden Wachstuchs ein Loch mit ca. 15 cm Durchmesser ausschneiden und von dort ausgehend einen ca.

18 cm langen geraden Schnitt machen. So! Das war schon die halbe Miete.

Step C: Den Streifen für die Kapuze nun einmal rechts auf rechts zur Hälfte falten und eine Kante per Naht schließen. Die Ösen wie abgebildet in die Kapuze lochen. Bei den Ösen, die es zu kaufen gibt, ist eine genaue Anleitung dabei. Meist braucht man dazu einen Hammer und eine feste Unterlage. Wenn man häufiger Ösen einsetzen will, lohnt sich die Anschaffung einer Ösenzange; damit geht das alles leicht und leise. Am besten jetzt schon die Kordel durch beide Löcher ziehen, die Kante umlegen und zum Tunnel feststeppen (dabei die Kordel auf keinen Fall ansteppen!).

B

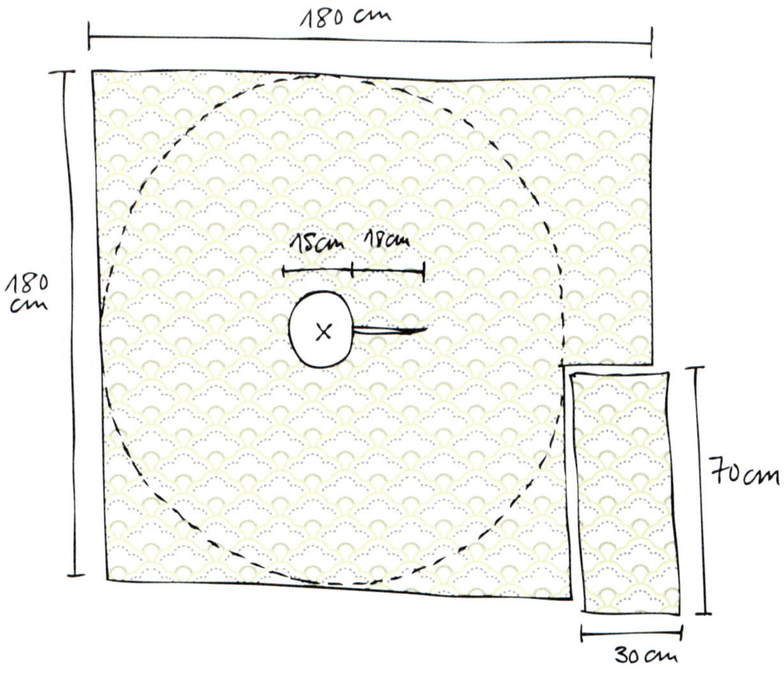

A

C

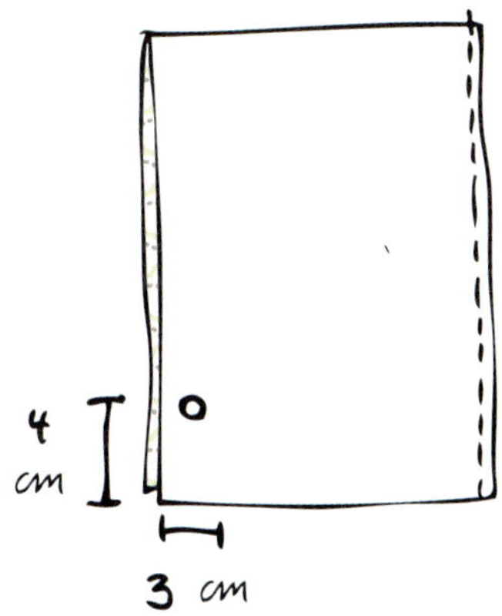

Step D: Die Kapuze wie abgebildet zusammenlegen und eine ca. 10 cm lange, rechtwinklige Naht setzen. Die kleine Ecke abschneiden.

D

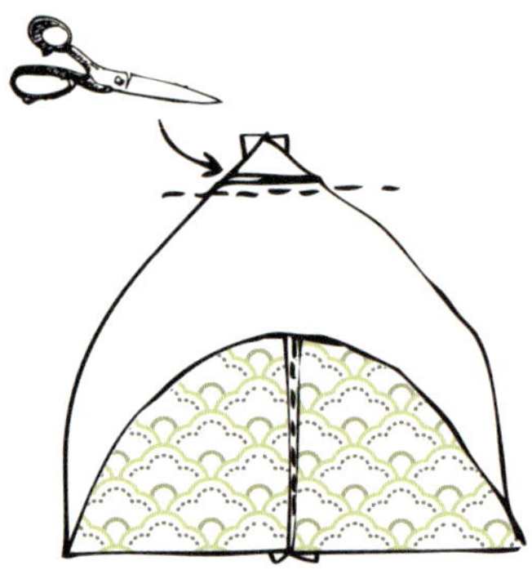

rechtwinklige Naht an der Kapuze

Step E: Eine Seite des gleichseitigen Dreiecks für den Ausschnitt umlegen und feststeppen. Die runde Gummilitze zu einer Schlaufe legen. Die beiden anderen Dreieckseiten rechts auf rechts an den Kragenschlitz stecken, die Gummischlaufe am oberen Schlitzende dazwischenlegen. Dreieck an den Kragenschlitz ansteppen, dabei die Gummischlaufe mitfassen. Die Nahtkante von außen noch einmal füßchenbreit absteppen.

E

Step F: Jetzt die Kapuze einsetzen. Am besten von beiden Seiten ausgehend zur hinteren Mitte hin arbeiten. Sollte die Kapuze zu groß sein, kann man nämlich hier einfach eine Falte einlegen.

Step G: Den Saum des Capes einmal rundherum nach links steppen. Die innere Naht der Kapuze mit Nahtklebeband versiegeln. Den Knopf vorne annähen.

G

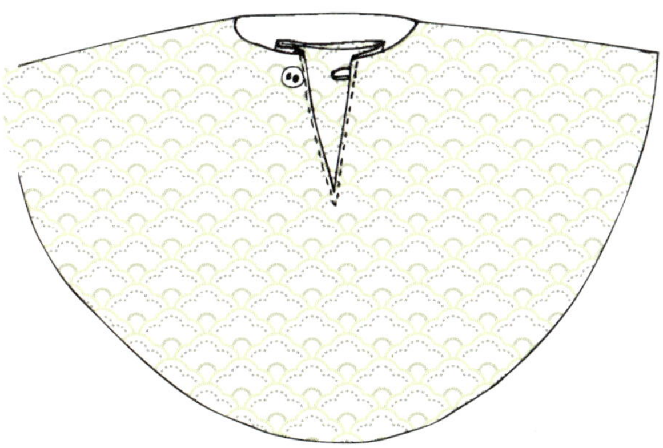

TIPP:

Aus Wachstuch lassen sich total viele coole Sachen machen: Fahrradsattelschoner, Kulturbeutel, Regencape für Fahrradkindersitze, Federtaschen, Tischsets, Taschentüchertäschchen ...

BAUCH
BEINE
PO

Niemals Retro –

Jeansrock mit Stoffblüte

Der Jeansrock ist seit vielen Jahren der absolute Klassiker im Kleiderschrank. Kein anderes Kleidungsstück ist ähnlich robust und lässt sich mit so vielen Stilen kombinieren. Die Länge eines angesagten Jeansrocks variiert, aber so ein Mini-Jeansrock in Grau hat das Zeug zur Standardbekleidung. Dazu kannst du alles tragen!

Steckbrief

Materialien:

‡ alte Jeans
‡ Druckknopf
‡ Saumband

Werkzeuge:

‡ Stoffschere
‡ kleine spitze Schere
‡ Nähmaschine und Garn
‡ Nähnadel
‡ Stecknadeln

Geht's?: ***

Zeitplan: 2 bis drei Stunden

Bevor es losgeht:
Es müssen ja nicht gerade die Lieblingsjeans sein, aber wenn ihre Hosenbeine löchrig sind, kommen sie hier noch mal ganz groß raus.

Jeans haben ein gutes Gedächtnis: Sie passen sich mit der Zeit den Formen ihrer Trägerin an. Deshalb lieber nicht verleihen!

A

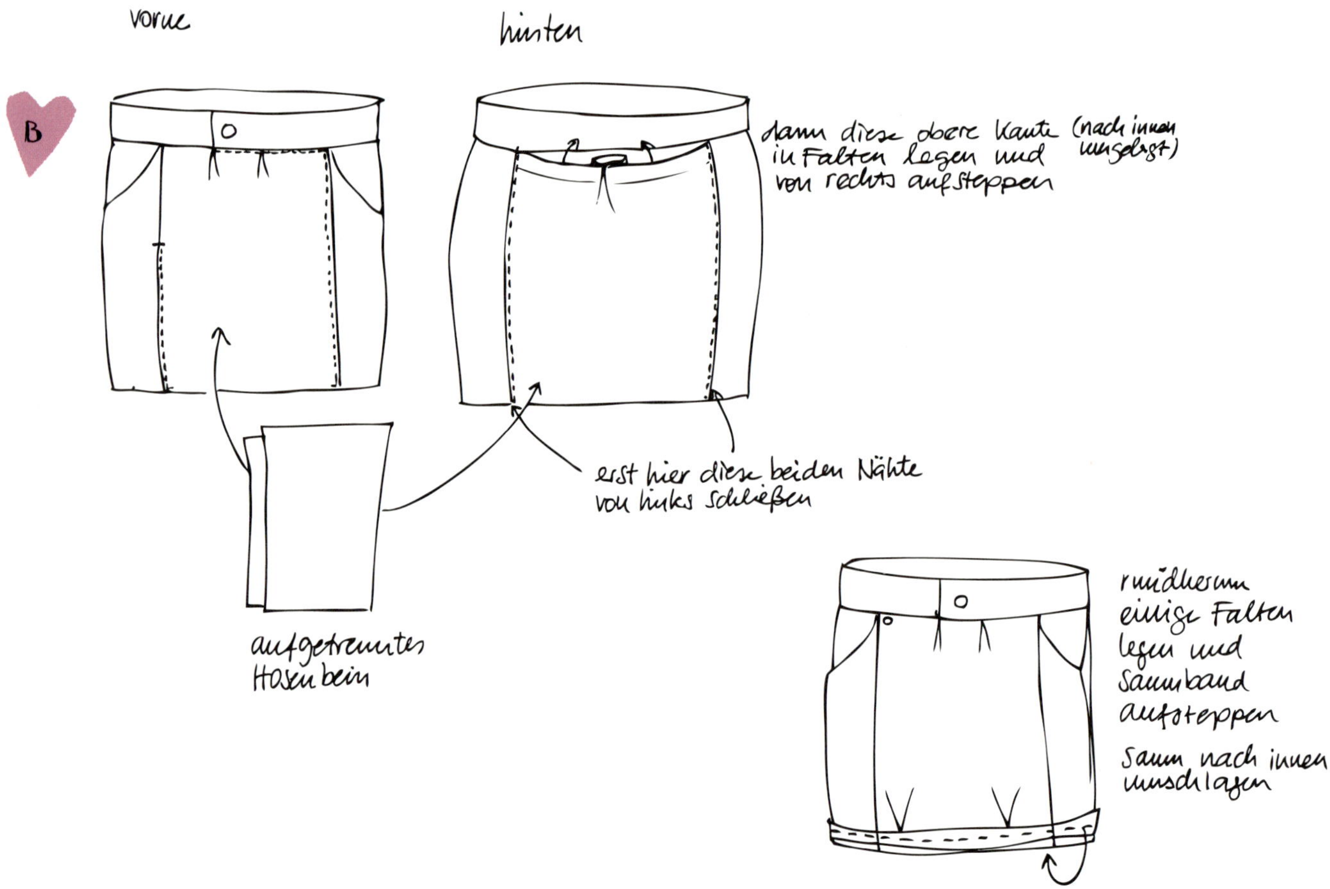
B
vorne
hinten
dann diese obere Kante in Falten legen und von rechts aufsteppen
(nach innen umgelegt)
erst hier diese beiden Nähte von links schließen
aufgetrenntes Hosenbein
rundherum einige Falten legen und Saumband aufsteppen
Saum nach innen umschlagen

Und so einfach geht's:

Step A: Die Hosenbeine in der gewünschten Höhe abschneiden. Der Rock soll ein bisschen edler werden. Deshalb alle aufgesetzten Taschen und alle Gürtelschlaufen abtrennen.

Step B: Dann die Beine an den Seitennähten auftrennen. Der Rock soll ein wenig plusterig werden und braucht daher oben und unten Falten. Es muss also ein wenig Weite her. Dazu je ein Teil des Hosenbeins vorne und hinten aufsteppen, oben je eine tiefe Falte einarbeiten und nach unten hin weiter werden.

Step C: Das vordere Teil nicht ganz ansteppen, sonst kommt man später nicht mehr rein in den Rock. Wie genau das aussehen soll, kannst du in der Zeichnung sehen. Den Druckknopf annähen.

Step D: Am unteren Saum Falten nach Bedarf einlegen und rundherum mit dem Saumband feststeppen. Den gesamten Saum nach innen umlegen und ganz dicht entlang der Nähte feststeppen.

Extra: Die Stoffblüte geht ganz einfach. Zwei große und zwei kleine Blüten aus Stoff ausschneiden, rundherum mit Zickzackstich verschönern, aufeinanderlegen und zusammensteppen. Mit einer Sicherheitsnadel feststecken.

Jeans lieben es, mal in einer feuchten Nacht draußen abzuhängen und alle Fasern zu entspannen. Das gilt natürlich genauso für Jeansröcke.

Minihose statt Minirock – Hotpants aus Männeranzughose

Das ist was für echte Dandys (w). Und zwar im wahren Wortsinne: »junge Leute, die in auffälliger Bekleidung Kirche oder Jahrmarkt besuchen«. Friedrich Kluge, etymologisches Wörterbuch der deutschen Sprache.

Steckbrief

Materialien:

‡ Herrenanzughose (die Weite sollte ungefähr passen)

Werkzeuge:

‡ Stoffschere
‡ Nähmaschine und passendes Garn
‡ Stecknadeln

Geht's?: **

Zeitplan: 1 Stunde

Tipp: Anzüge sind häufig aus Wolle. In der Waschmaschine verlieren sie die Form. Am besten nach dem Tragen über Nacht raushängen oder ihnen ein Dampfbad neben der heißen Morgendusche gönnen. So wird alles wieder frisch und knitterfrei.

Bevor es losgeht:

Wenn du Ärger mit einem Freund vermeiden möchtest, dann frag lieber mal Papa, ob er noch aus seinen schlanken Zeiten eine Anzughose übrig hat.

Und so einfach geht's:

Step A: Wie lang soll die Hose werden? Kurz natürlich. Deshalb müssen die Hosenbeine ab. Da ein hübscher Umschlag gemacht werden soll, die Hosenbeine etwa 15 cm länger lassen, als die Endlänge werden soll.

Step B: Die offene Kante mit Zickzackstich versäubern oder professionell mit der Overlockmaschine bearbeiten. Hose auf links wenden.

Step C: Die versäuberte Kante 7,5 cm nach oben umlegen und rundherum feststeppen.

Step D: Nun Hose wieder wenden und Saum nach oben umlegen. Mit unsichtbaren Handstichen von der Rückseite her anheften.

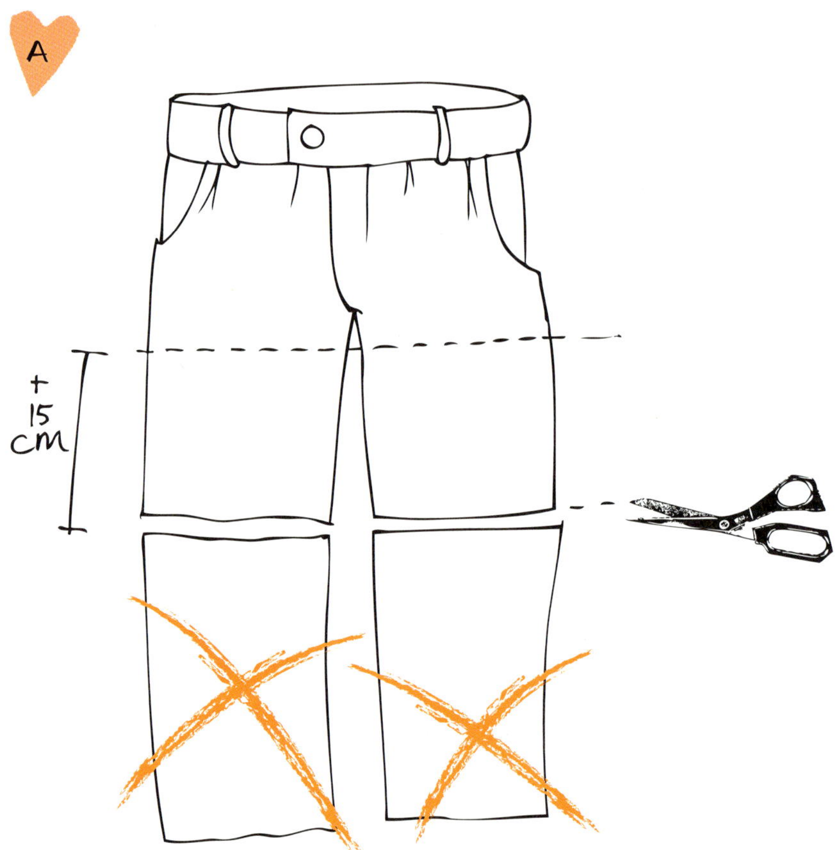

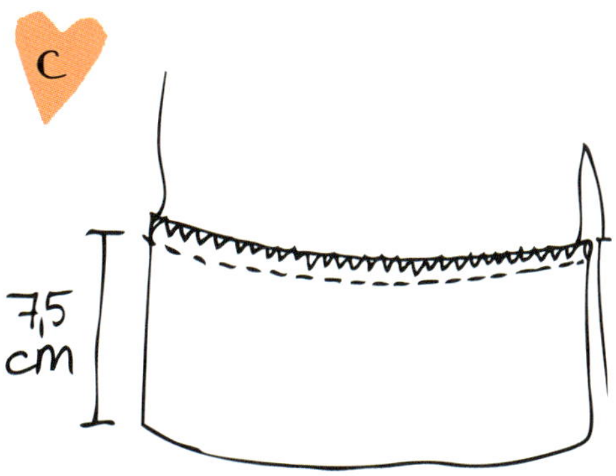
C
7,5 cm

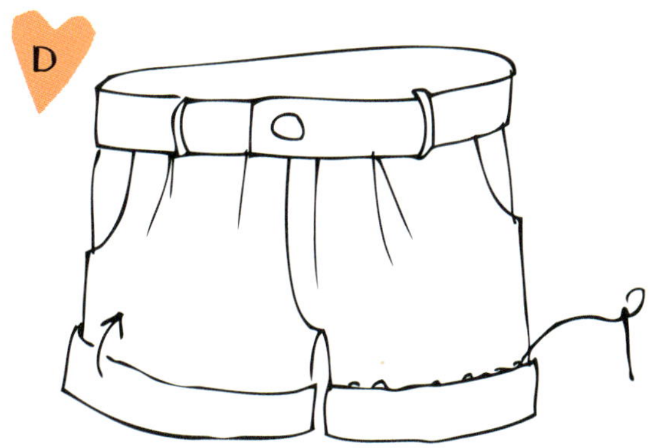
D

Hosenträger aus Stricklieselwürsten

Vor langer Zeit entwickelte ich ein wahres Faible fürs Stricklieseln. Das macht so viel Spaß! Doch wohin mit den ganzen Erzeugnissen? Coole Hosenträger! Mit der Produktion der Stricklieselwürste kann man seine Kinder oder Großeltern oder Nachbarn mehrere Stunden sinnvoll beschäftigen.

Steckbrief

Materialien:

- ca. 10 m Gestricklieseltes (wie das geht, steht im Basisteil, Seite 18)
- 3 Hosenträger-Clips
- Lederreste, nicht zu fest

Werkzeuge:

- Schere
- Nähmaschine und Garn

Geht's?: **

Zeitplan: 1 Stunde (ohne Stricklieseln)

Bevor es losgeht:

Tipp: Wer überhaupt keine Zeit oder keine Lust hat, eine Stricklieselwurst anzufertigen, kann sich schon fertige Stränge kaufen, z. B. von Schachenmayr Big&Quick oder Junghans Superstar.

Und so einfach geht's:

Step A: Die Stricklieselwurst in sechs Teile schneiden: 4-mal à 2 m und 2-mal à 80 cm.

Step B: Zwei der langen Würste durch die Öse eines Hosenträger-Clips fädeln und ungefähr bis zur Hälfte durchziehen.

Step C: Nun geht das Flechten los. Wie genau das mit vier Fäden funktioniert, zeigt die Illustration. Einen anderen Hosenträger genauso arbeiten und einen mit den kurzen Strängen.

Step D: Aus den Lederresten zwei Rechtecke 4 x 4,5 cm schneiden. Die Ecken abrunden. Alle Hosenträger zwischen die Ledervierecke legen und diese rundherum zusammensteppen.

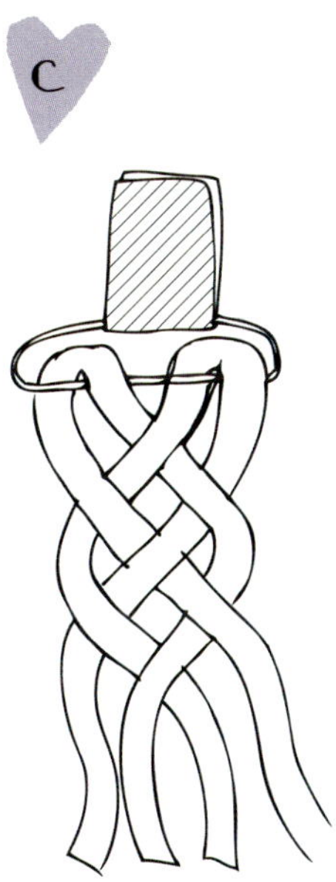

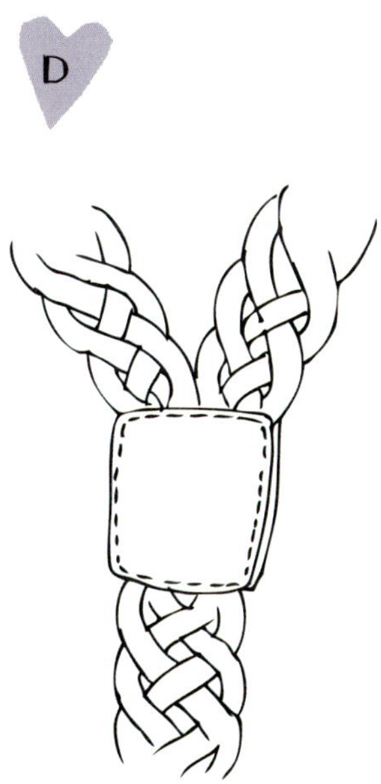

Hemdkleid

mit gedruckter Bügelspitze

Spitzenmäßig! Das ist doch mal ein Spitzenkragen, der nicht so arg gebügelt werden will. Schließlich ist er selber nur aufgebügelt. Die Kopiervorlage dazu findet ihr hinten im Buch auf Seite 116. Oder ihr malt euch euer eigenes Motiv.

Steckbrief

Materialien:

- Herrenoberhemd, möglichst lang
- passendes Garn
- Bügelfolie für dunkle Textilien (Inkjet oder Laser)

Werkzeuge:

- Nähmaschine
- Stoffschere
- Inkjet-Drucker (und Computer +Scanner) oder Copy-Shop
- Stecknadeln

Geht's?:**

Zeitplan: ca. 2 Stunden

Bevor es losgeht:
Zunächst das Hemd gut waschen, trocknen und bügeln.

Tipp: Die Bügelfolien kann man immer wieder fixieren, wenn man sie nach der Wäsche von der Rückseite festbügelt.

Und so einfach geht's:

Step A: Die Spitzenvorlagen müssen irgendwie auf die Bügelfolie kommen. Wenn du das selber zu Hause am Rechner machst, scann die Motive ein und ordne am besten schon mehrere auf einem DIN-A4-Blatt an. Das druckst du dann auf die Inkjet-Folie. Wenn du Laser-Folie hast, musst du die Motive mit einem Laserdrucker oder einem Fotokopierer auf die Folie bringen.

Step B: Dann die Motive fein säuberlich ausschneiden; dabei darf ein kleiner weißer Rand stehen bleiben.

Step C: Beim Aufbügeln sich möglichst an die Angaben des Folien-Herstellers halten, denn die Zeiten und Methoden können ziemlich variieren.

Step D: Damit aus dem Hemd ein Kleid wird, sind nun einige Schnitte nötig. Zuerst wird der Kragen wie in der Illustration abgeschnitten. Die Kanten einfach offen lassen, dann bleibt ein schicker 3-cm-Stehkragen.

Step E: Als Nächstes müssen die Ärmel ab. Von der Schulter aus gemessen bleiben 20 cm dran, die offene Kante wird mit Zickzackstich versäubert. Jede der Manschetten schneidet in zwei Streifen schneiden, so dass du vier Streifen hast. Die offene Kante mit einer geraden Naht entlang der Kante zunähen.

Step F: Zwei dieser Streifen werden benutzt, um das Kleid seitlich in der Taille zu raffen. Dazu auf beiden Seiten je ein Ende des Streifens in Taillenhöhe 17 cm von der vorderen Mitte feststeppen. Das andere Ende wird am Rücken ca. 14 cm von der hinteren Mitte aus festgesteppt.

Step G: Die übrigen Streifen brauchen wir für die Puffärmel. Zuerst müssen die Ärmel gerafft werden. Dazu eine Steppnaht mit sehr großen, lockeren Stichen entlang der Ärmelkante setzen. Dann vorsichtig an den Nahtfäden ziehen und den Stoff zusammenschieben, bis der Ärmel die gewünschte Weite hat. Auf diese geraffte Kante rundherum den Manschettenstreifen steppen, dazu kannst du ihn erst einmal anstecken. Die nicht so hübsche Kante weist nach unten. Wenn alles festgesteppt ist, stülpst du sie in den Ärmel. Nun nur noch eine Naht entlang der gerafften Kante setzen, fertig!

E

20 cm

F

G

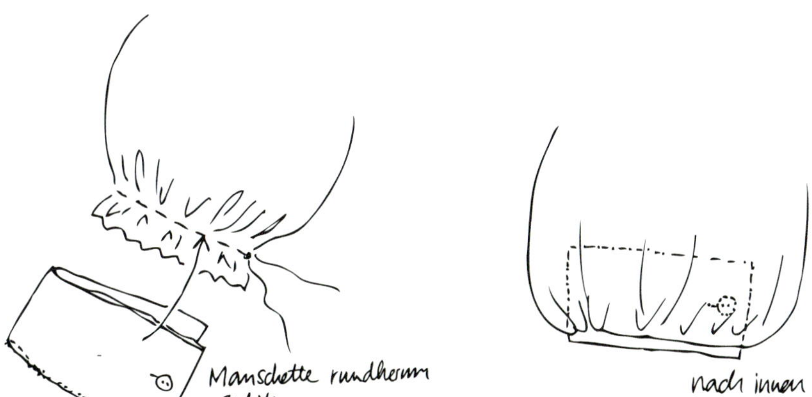
Manschette rundherum aufsteppen
nach innen umstülpen

Aaaah!

Accessoires

Geek und Nerd – Brillengestelle mit Decoupagetechnik

Nun gib es schon zu: Wir interessieren uns doch alle sehr für wissenschaftliche oder fiktionale Themen, die üblicherweise von elektronischer oder phantastischer Natur sind. Also zeigen wir es auch! Und zwar mit diesen heißen Brillen.

P.S.: Am 13. Juli ist der internationale »Embrace Your Geekness Day«.

Steckbrief

Materialien:

- Brillengestell
- schöne Papiere, feine Stoffe, Ausrisse, Telefonbücher oder was einem sonst noch einfällt
- Decoupage-Kleber/ Deco-Patch/ Art Patch

Werkzeuge:

- Pinsel
- Schere

Geht's?: *

Zeitplan: halbe Stunde plus Trockenzeit

Bevor es losgeht:

Zum Schutz kann man die Brillengläser mit Kreppklebeband bekleben.

Und so einfach geht's:

Step A: Aus den Stoffen oder Papieren kleine Schnipsel schneiden.

Step B: Brillengestell oder Brillenbügel partiell mit dem Kleber bestreichen.

Step C: Bekleben und jede Lage noch mal sorgfältig mit Kleber versiegeln. Gut trocknen lassen.

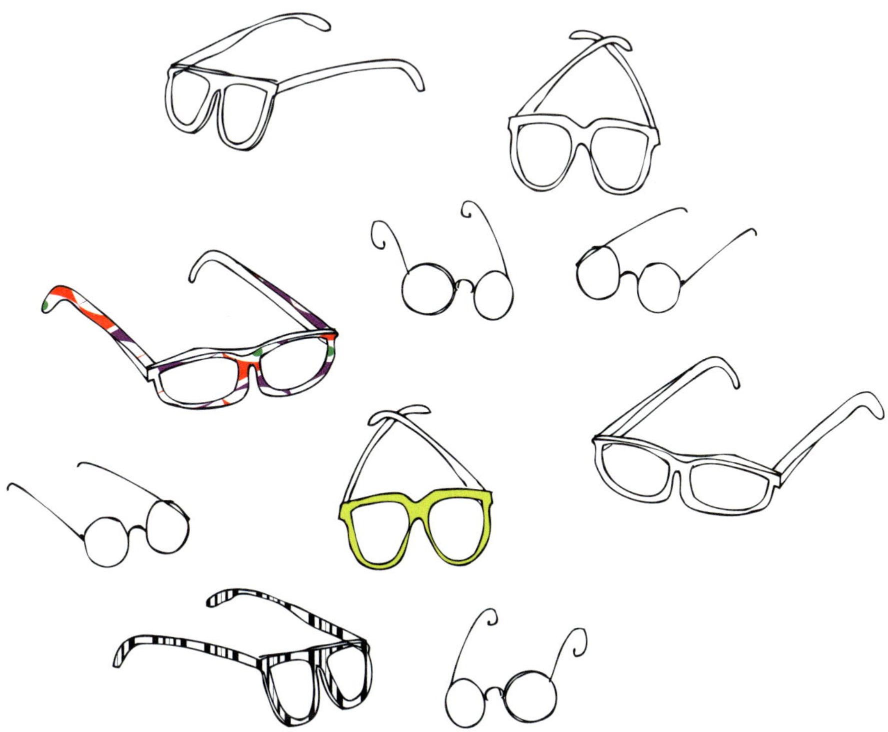

Charmante Schirme –

verziert mit Applikationen, Scherenschnittmustern und Borten

Singen im Regen macht auch nur dann Freude, wenn man trockene Haare behält (oder verliebt ist ...).

Steckbrief

Materialien:

- alte Schirme
- Bommelborte oder Spitze
- Spitzendeckchen
- Stoffreste
- doppelseitig haftendes Bügelvlies (Vliesofix)

Werkzeuge:

- Maßband
- Schere
- Nadel und Faden
- Stecknadeln
- Heißklebepistole
- Bleistift
- Backpapier

Geht's?: * bis ***

Zeitplan: je Modell ca. 1 Stunde

Bevor es losgeht:
Die Anleitung aufmerksam durchlesen, denn für jeden Schirm benötigst du ganz unterschiedliche Sachen.

tipp:

Schirme nach dem Regen immer aufgespannt trocknen lassen. Das brauchen die Metallteile! Zum Reinigen von Regenschirmen nur kühles klares Wasser oder eine weiche Bürste nehmen. Alles andere beschädigt die Imprägnierung.

Und so einfach geht's:

Schirm A: Die Schirme sind ganz unterschiedlich. Am einfachsten ist es, einen Schirm einfach rundherum mit einer schönen Borte zu verzieren. Dazu den Schirmumfang abmessen und die Borte zuschneiden. Alles mit Stecknadeln anheften und per Hand annähen.

Als kleine Extra-Deko eignet sich ein Spitzen-Untersetzerchen, das man unter der Abdeckkappe befestigt. Dazu die Kappe abdrehen, den Untersetzer über die Schirmspitze stecken und nah am Zentrum mit einem Tropfen Heißkleber befestigen. Kappe wieder aufsetzen und auch mit etwas Heißkleber fixieren.

Schirm B: Die Wolken vom Wolkenschirm sind aufgebügelt. Dazu mit Bleistift Motive auf das Trägerpapier des Bügelvlieses vorzeichnen. Motive grob ausschneiden und auf die Rückseite der Stoffreste bügeln, je heißer, desto besser. Abkühlen lassen und Trägerpapier vorsichtig ablösen. Motive auf dem Schirm plazieren und gründlich aufbügeln, dabei Backpapier zum Schutz zwischenlegen.

Eine Kopiervorlage für die hübschen Wölkchen findet ihr auf Seite 117.

VERO

Schrim C:

1–3: Für den Schirm mit Scherenschnitt-Doppelstoff braucht man den Stoff eines zweiten alten Schirms in gleicher Größe und mit gleicher Strebenanzahl. Diesen sorgfältig mehrmals so zusammenfalten, dass alle Segmente exakt übereinanderliegen, und das Ganze mit Stecknadeln feststecken.

4: Nun schneidet man beherzt Lochmuster durch alle Lagen. Dann auseinanderfalten und überraschen lassen. Die Abdeckkappe des anderen Schirms abnehmen, den neuen Überstoff überziehen und rundherum feststecken. Kappe wieder aufsetzen und mit Heißkleber fixieren. Per Hand den Überstoff an wichtigen Punkten mit wenigen Stichen anheften.

3

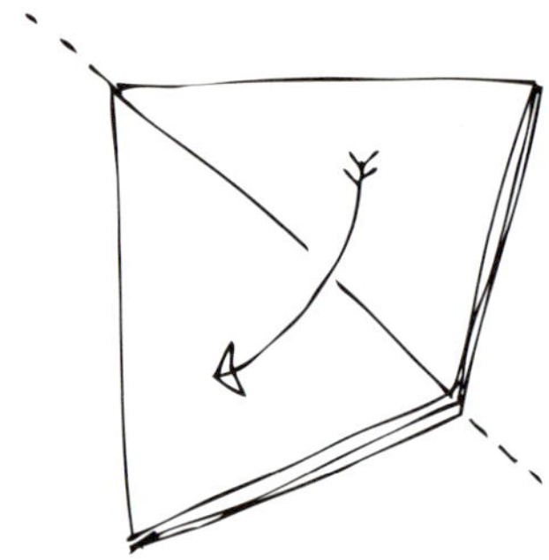

4

1

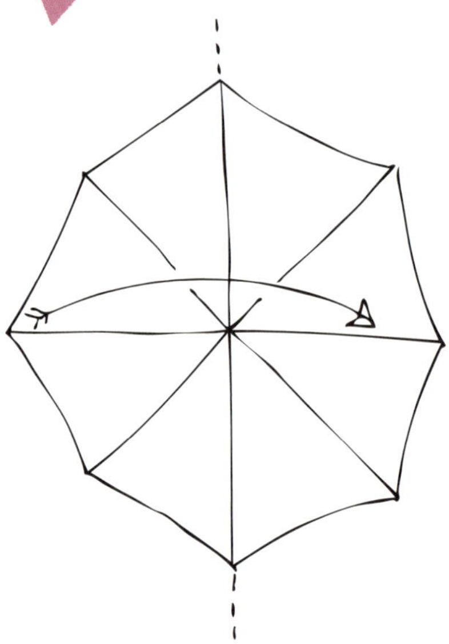

2

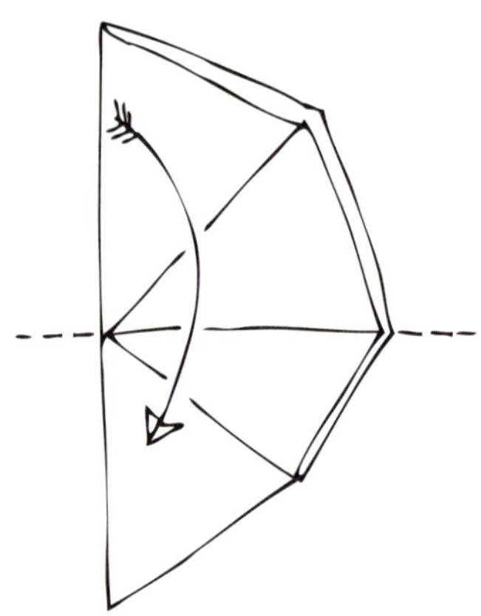

VERO

Geschickt verpackt –

Laptoptasche aus Plastikbeuteln

In jedem Küchenschrank warten Hunderte armer Plastiktüten darauf, noch einmal wieder zum Einkaufen benutzt zu werden. Und einige sind wirklich hübsch! Daraus kann man doch mal ein neues Kleid für das Liebste auf der Welt nähen: den Laptop. Durch Verschmelzen wird aus den Plastiktüten ein vollkommen neues, robustes Material.

Steckbrief

Materialien:

- 6 große Plastiktüten, 2 davon besonders hübsch
- Backpapier
- Reißverschluss (Länge: 2-mal kurze Seite des Laptops + 1-mal lange Seite des Laptops)
- wattierter Stoff zum Abfüttern von innen

Werkzeuge:

- Schere
- Bügeleisen und Bügelbrett
- Nähmaschine und Garn
- Nähmaschinenfüßchen

Geht's?: **

Zeitplan: 3 Stunden

Bevor es losgeht:

Unbedingt für gute Belüftung sorgen. Beim Bügeln stinken die Plastiktüten ganz entsetzlich, und das kann irgendwie nicht gesund sein.

Und so einfach geht's:

Step A: Von den Plastiktüten den oberen Teil mit den Henkeln abschneiden. Plastiktüten an beiden Seiten aufschneiden. Die drei Plastiktüten, die für je eine Seite der Laptoptasche gebraucht werden, aufeinander auf das Bügelbrett legen. Die schönste Tüte liegt dabei obenauf. Alles mit Backpapier abdecken und mit sehr heißem Bügeleisen bügeln. Die Tüten schnurren dabei zusammen und verbinden sich miteinander.

Step B: Alles gut auskühlen lassen.

Step C: Jeweils zwei Rechtecke aus dem Futterstoff und zwei Rechtecke aus dem Plastikmaterial zuschneiden: Das Format ist Länge des Laptops + Höhe +2 cm x Breite des Laptops + Höhe +2 cm. Alle Lagen wie illustriert aufeinanderlegen und an einer Kante zusammensteppen. Dabei auch an beiden Seiten ca. 3 cm um die Ecke herumnähen (siehe Skizze).

Step D: Nun den Reißverschluss öffnen und rundherum an eine Hälfte annähen. Dazu legt man ihn wie illustriert von außen auf das Taschenstück und näht ihn sorgfältig fest. Am besten geht das mit einem Nähmaschinenfüßchen.

Step E: Nun mit der anderen Reißverschlusshälfte ebenso verfahren. Den Reißverschluss dazu feststecken, damit nachher beide Enden an der gleichen Stelle ankommen. Zum Versäubern die Bandkanten des Reißverschlusses rundherum ansteppen und die Nahtzugabe der beiden Taschenteile im Taschenboden auf eine Seite steppen. Dort, wo der Reißverschluss beginnt und endet, die Taschenlagen noch mal gründlich mit einem Riegel sichern (= mehrfach quer über das Nahtende nähen).

A

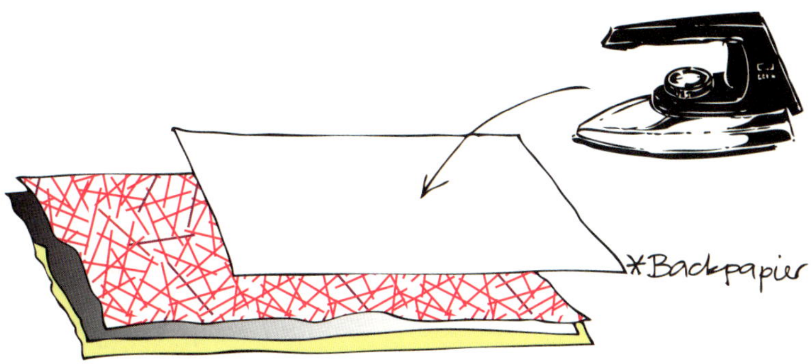
*Backpapier

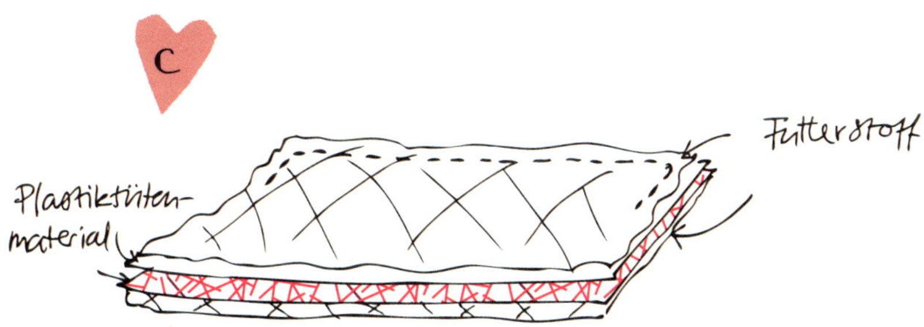
C
Futterstoff
Plastiktüten-
material

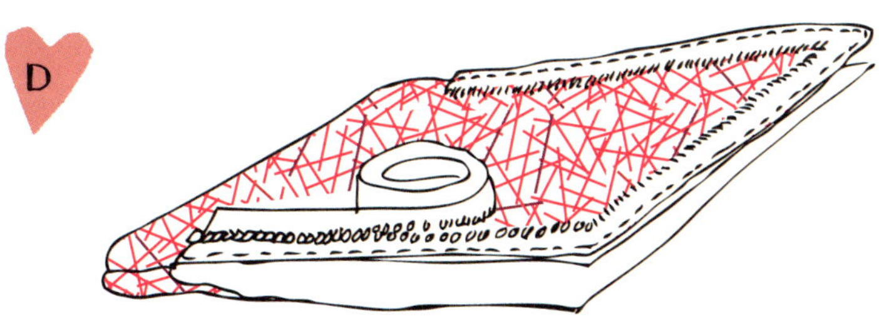
D

Kleine Tragehilfe – Häkelnetz aus alten Shirts

Lass dir nicht noch eine Plastiktüte aufschwatzen. Häkel dir lieber ein stylisches Netz aus alten Shirts. Darin geht wirklich nichts verloren. Alle Häkelmaschen findest du im Basic-Teil erklärt (siehe Seite 16).

Steckbrief

Materialien:

- ca. 2 alte T-Shirts

Werkzeuge:

- Schere
- Häkelnadel Stärke 7
- Sicherheitsnadel

Geht's?: **

Zeitplan: ungefähr vier Stunden

Jersey oder Trikot ist so ein dankbares Material! Es ist superweich und elastisch, und seine Kanten kräuseln sich praktisch ein, so dass man sie nicht versäubern muss!

Bevor es losgeht:

Die Shirts rundherum in 1 cm breite Endlosstreifen schneiden und zu Knäueln wickeln.

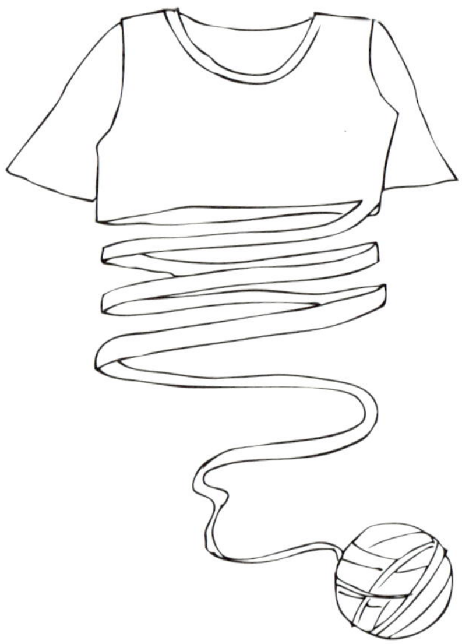

Und so einfach geht's:

Step A: Das Netz wird in Runden gehäkelt. Je fester der Stich, umso fester und stabiler (aber auch kleiner) wird das Netz.

Fürs Häkeln gibt es Abkürzungen, damit die Anleitung nicht zu lang wird und der Autorin nicht die Finger abfallen:

M = Masche
LM = Luftmasche
KM = Kettmasche
R = Runde
FM = Feste Masche

Keine Angst vor der langen Anleitung. Man wächst an seinen Aufgaben, und es wiederholt sich vieles.

R1: 5 LM, mit 1 FM zum Kreis schließen.
R2: 1 LM, diese mit der Sicherheitsnadel als Rundenanfang markieren, 7 FM rundherum arbeiten (= 8 M).
Jeweils bei jeder Runde die Sicherheitsnadelmarkierung an die erste Masche verlegen.
R3: *2 LM, 1 FM in die nächste FM; ab * 7-mal wiederholen (= 8 Bögen, die wie eine kleine Blume aussehen).
R4: *2 LM, 1 FM um den Luftmaschenbogen, 2 LM, 1 FM in denselben Bogen, 2 LM, 1 FM in den nächsten Bogen; ab * noch 3-mal wiederholen (= 12 Bögen).
R5: *2 LM, 1 FM um den nächsten Bogen; ab * noch 11-mal wiederholen.
R6: *3 LM, 1 FM um den nächsten Bogen; ab * noch 11-mal wiederholen.
R7: *3 LM, 1 FM um den nächsten Bogen, 3 LM, 1 FM um denselben Bogen, 3 LM, 1 FM in den nächsten Bogen; ab * wiederholen (=18 Bögen).
R8: *3 LM, 1 FM um den nächsten Bogen; ab * noch 17-mal wiederholen.
R9: *3 LM, 1 FM um den nächsten Bogen, 3 LM, 1 FM um denselben Bogen, 3 LM, 1 FM in den nächsten Bogen; ab * wiederholen (= 28 Bögen).
R10: *3 LM, 1 FM um den nächsten Bogen; ab * noch 27-mal wiederholen.
R11: *4 LM, 1 FM um den nächsten Bogen; ab * wiederholen.
R12 bis R30: *3 LM, 1 FM um den nächsten Bogen; ab * wiederholen.

R31: *2 LM, 1 FM um den nächsten Bogen; ab * wiederholen.
R32: *1 LM, 1 FM um den nächsten Bogen; ab * wiederholen.
R33: 1FM in jeden Stich der Vorrunde.

Für die Henkel den Rand nach Augenmaß in 4 Segmente teilen und mit den Sicherheitsnadeln markieren (die erste Markierung besteht bereits durch die erste Sicherheitsnadel und ist logischerweise Endpunkt der Vorrunde und Beginn des Henkels).
*35 LM (nicht zu fest) nach dem letzten Stich der Vorrunde einfach weiterhäkeln.
Darauf achten, dass sich die Luftmaschen nicht verdrehen und mit einer festen Masche in der nächsten markierten Masche befestigen.
1 FM in die nächste Masche der Vorrunde häkeln.
Arbeitsrichtung ändern.
In jede M der Vorrunde 1FM häkeln**.
Dabei über den Henkel hinaus bis zur dritten Markierung häkeln.
Für den zweiten Henkel von * bis ** wiederholen.
Fäden gut vernähen.

Jute statt Plastik – Baumwollbeutel für Fashionistas

Das Sinnbild der Alternativbewegung, die richtig ökigen Jutetaschen, gibt es ja heutzutage glücklicherweise nicht mehr. Die kratzten, rochen und sahen nicht so toll aus. Baumwolltaschen sind leichter, praktischer und selbst veredelt besonders schick! Eine Kopiervorlage für das Recycle-Logo findet ihr auf Seite 122.

Steckbrief

Materialien:

- Baumwollbeutel
- Stoffreste
- doppelseitig haftendes Bügelvlies (Vliesofix)
- Stickgarne

Werkzeuge:

- Bleistift
- Stoffschere
- Bügelbrett und Bügeleisen
- Backpapier
- Nähmaschine
- Nadel

Geht's?: *

Zeitplan: ca 1/2 Stunde

Bevor es losgeht:
Zunächst die Tasche gut waschen, trocknen und bügeln.

RE cycle

Und so einfach geht's:

Step A: Motiv für die Tasche überlegen. Die einzelnen Motivteile spiegelverkehrt auf das Papier des Bügelvlies aufzeichnen und grob ausschneiden. Bügelvlies auf die Rückseite der Stoffe aufbügeln.

Step B: Stoffe zuschneiden und einzelne Teile auf der Tasche arrangieren. Alles gut festbügeln, zum Schutz Backpapier zwischen Bügeleisen und Motiv legen.

Step C: Die Motive noch mal rundherum mit Zickzackstich oder schicken Nähmaschinen-Zierstichen verzieren.

Step C: Mit Stickgarn und Nadel eventuell einen Schriftzug im Steppstich (siehe Basisteil) aufsticken.

tipp:

Hier kann man auch fantastisch Stoffmotive, Motive aus Bügelfolie, Flexfolien, Bänder und Knöpfe zusammen applizieren.

RE
cycle

Frottee für kleine Badefreu(n)de –

Kinderbademantel aus Gästehandtüchern

Diesen Bademantel kann man natürlich auch für Erwachsene nähen, dann braucht man nur entsprechend große Handtücher. Meiner ist genau richtig für einen zweijährigen Jungen, also ungefähr Größe 86. Besonders cool können auch diese lustigen gepressten Handtücher mit Tiermotiven sein oder Gästehandtücher aus asiatischen Hotels …

Steckbrief

Materialien:

- 6 gleich große Handtücher (hier 30 x 45 cm)
- 3 Druckknöpfe
- passendes Nähgarn

Werkzeuge:

- Stoffschere
- Nähmaschine
- kleine Schere
- Stecknadeln

Geht's?:**

Zeitplan: ca. 1,5 Stunden

Tipp:

Tolle kleine Handtücher bekommt man auf Langstreckenflügen gehobener Airlines … oder in asiatischen Hotels … oder im Euro-Shop. Auch super sind diese kleinen, in Form gepressten Zauberhandtücher.

Bevor es losgeht:

Alle Handtücher heiß waschen und ausnahmsweise mal im Trockner trocknen, dann laufen sie später nicht mehr ein.

Und so einfach geht's:

Step A: Überleg dir, welches Handtuch du für welchen Teil des Bademantels nehmen willst. Für die Kapuze eine lange Kante 4 cm nach innen umlegen und der Länge nach feststeppen.

Step B: Nun das Handtuch einmal in der Mitte falten und die andere Naht schließen. Je ein Handtuch der Länge nach zu einem Schlauch für den Ärmel zusammensteppen. Ein Schlauchende als Ärmelsaum 2 cm nach innen umschlagen und feststeppen.

Step C: Die beiden Vorderteile und das Rückenteil an den langen Kanten zusammensteppen. Die Kapuze von der hinteren Mitte ausgehend anstecken und ansteppen.

Step D: Die Ärmel müssen nun ein wenig zugeschnitten werden. Dazu am Schulterende wie skizziert ein Stück abschneiden. Beide Seitennähte für die Ärmel teilweise wieder auftrennen, die Ärmel einsetzen und rundherum einnähen.

Step E: Die Druckknöpfe wie auf der Packung beschrieben anbringen.

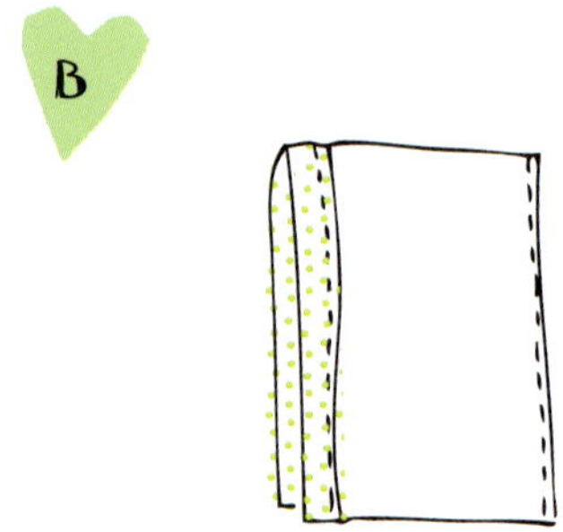

Pimp up my Shoes –

mit Bommeln und Häkelblüten

Diese Verschönerungen sind wirklich viel einfacher, als man denkt. Schwupps sind während eines gemütlichen Fernsehabends Dutzende Blumen gehäkelt und Hunderte Pompons gemacht.

»Das Leben ist gut, die Kunst ist schön, Schuh, nur du kannst in beiden bestehen.« (Ferdinand Scholz)

Steckbrief

Materialien:

- Wollreste

Werkzeuge:

- Schere
- für die Pompons siehe Basisteil
- für die Häkelblüten eine passende Häkelnadel
- Heißklebepistole

Geht's?: Pompons *, Häkelblüten **, wer nicht häkeln kann, lernt es auf Seite 16

Zeitplan: je nach Anspruch und Umfang 1 bis 3 Stunden

Bevor es losgeht:

Hier sind einige Häkelabkürzungen, um die Arbeit zu erleichtern:

LM = Luftmasche
KM = Kettmasche
R = Runde
FM = feste Masche
hST = halbes Stäbchen
ST = Stäbchen
* = von * bis * wiederholen

MEINE
DEINE

Und so einfach geht's:

Die Pompons einfach wie im Basisteil (Seite 21) beschrieben herstellen. Und dann mutig mit Heißkleber an die Schuhe kleben.

Die einzelnen Häkelmuster bauen modular aufeinander auf. Für die größte Blüte beginnt man bei ✿, für die kleineren geht es mit ✻ los.

Alle Blüten beginnen so:

4 LM häkeln und mit 1 KM zum Ring schließen.
✿ 5 LM häkeln und mit 1 KM am Ring festmachen. Das noch 4-mal wiederholen, so dass man die Basis für fünf Blütenblätter hat.
Um den ersten Luftmaschenbogen 1 hST, 3 ST, 1 hST und das Blütenblatt mit einer KM in die KM der Vorrunde beenden. Rundherum wiederholen.

Wenn einem die Blüte so gefällt: prima! Will man es etwas raffinierter, dann macht man weiter:
3 LM häkeln und mit 1 KM am zentralen Luftmaschenring befestigen.
✻ 3 LM häkeln und mit 1 KM am Ring befestigen. 4-mal wiederholen, so dass man die Basis für 5 Blütenblätter hat.
Um den ersten Luftmaschenbogen 1 hST, 1 ST, 1 hST häkeln und das Blütenblatt mit einer KM in die KM der Vorrunde beenden. Rundherum wiederholen.

Schön genug? Toll! Ansonsten wieder 3 LM anschlagen und mit einer KM am zentralen Luftmaschenring befestigen. Rundherum 4-mal wiederholen.

Die Blätter gehen so:

8 LM häkeln, Arbeitsrichtung wechseln, in die Luftmaschenkette arbeiten:
1 LM übergehen, 1 FM, 1 hST, 3 ST, 1 hST, 1 FM.
Mit dem nächsten Blatt kann man gleich von hier weitermachen.
Blütenmeer mit Heißkleber an den Schuh bannen.

tipp:

Experimente mit unterschiedlichen Farben, Nadelstärken und Garnen machen!

Sommerflirt:

Espandrilles mit Spraydruck

Espadrilles ... Espandrillos ... wie auch immer: Es sind einfach die Sommerschlupfschuhe! Absolut ungeeignet für Wanderungen, Regenwetter, Rückenprobleme, aber einfach wunderbar leicht fürs pure Barfußfeeling.

Steckbrief

Materialien:

- Espandrilles
- Papiertortenspitzen
- farbiges Spray (Acryl ...)
- Zeitung zum Ausstopfen
- Kreppklebeband
- Folie zum Unterlegen

Werkzeuge:

- Gummihandschuhe

Geht's?: *

Zeitplan: ca. 30 Minuten

Bevor es losgeht:

Beim Sprühen an gute Belüftung denken. Am besten gleich draußen machen. Und Handschuhe anziehen.

Und so einfach geht's:

Step A: Die Schuhe mit Zeitungspapier ausstopfen. Die Sohle von außen mit Kreppklebeband schützen.

Step B: Die Papiertortenspitze als Schablone dicht an den Schuh halten und mit dem Spray Muster aufsprühen.

Step C: Einzelne Schichten kurz trocknen lassen.

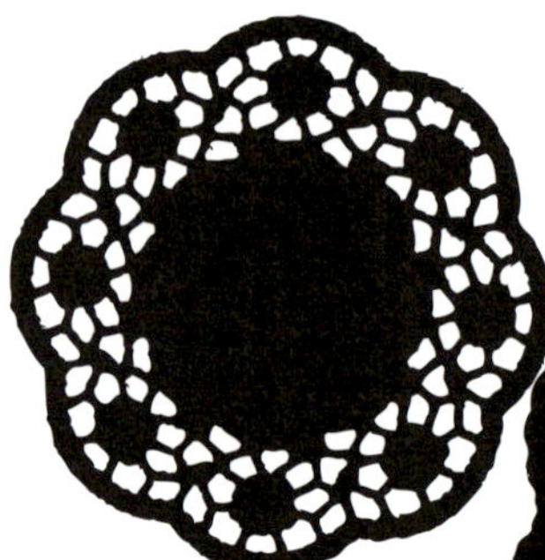

Omis Klöppelspitzen eignen sich super für den Pulli auf Seite 62.

Oder als Kopiervorlage für tolle Bügelspitzen (siehe Seite 82)

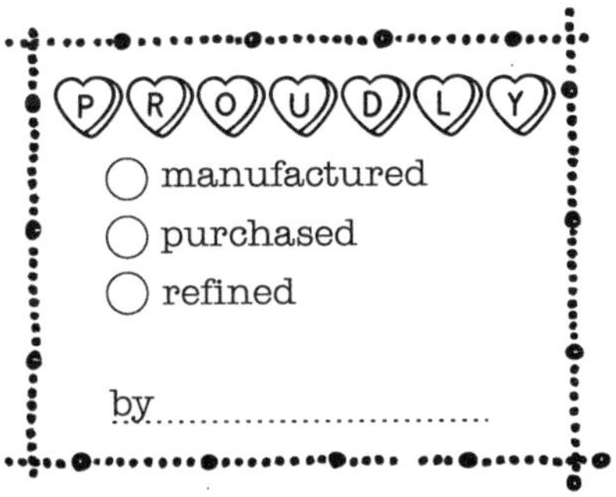
PROUDLY
manufactured
purchased
refined
by

made by
ME!

ICH

selbst-
gemacht
gekauft
verbessert

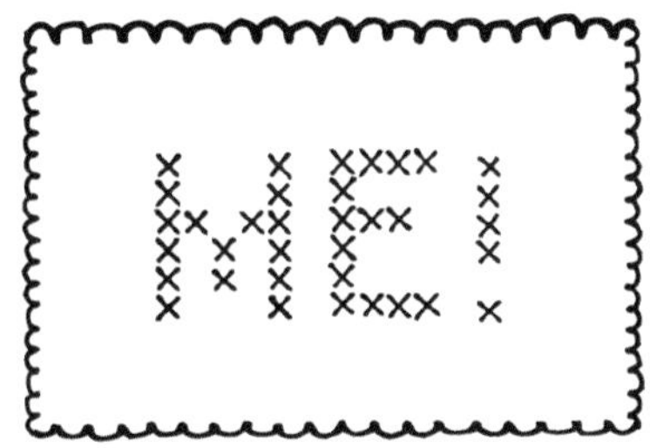
ME!

I
my own label

Design
von

RE
cycle

Danke.

Die Autorin möchte vielen Personen danken:

Anja für den Anstoß und die Begleitung

Anjas Mutter für zauberhafte Requisiten

Der anderen Anja für das produktive Fotoshooting

Maki-Anja für gute Ratschläge

Thea für die Kleiderhaken

Nina, Maren, Tashi, Andreas und Clara für Kleiderspenden

Miri fürs Gegenlesen, Korrigieren und Tolle-Tipps-Geben

All ihren Freunden für Zuspruch und Interesse

Ihrer Familie für Geduld und Liiiiebe

Läden und Adressen

Kilo-Shop

www.dortex.de individuell bestickte Wäschebänder

www.stempelplattform.de individuelle Stempel

www.modulor.de Material total

www.colordots.de/ Flex- und Flockfolien in allen Farben

www.fadenversand.de hier gibt es alles, auch den Clover Pompon-Maker

www.londongraphics.co.uk Transferpaste Dylon Image Maker

www.hobbycraft.co.uk tolle Bastelmaterialien und Transferpasten

www.quickdrawsupplies.com Transferpaste Dylon Image Maker

www.schnippelbuch.de das Kult-Vorlagenbuch für schwarz-weiße Abbildungen

www.stoffundstil.de Stoffe, Wachstücher und Tischdeckenstoffe

www.wachstuchverkauf.de der Name sagt alles

www.limetrees.de Wachstücher und viel mehr

www.lederdetmer.de Ledergroßhandel in Hamburg

www.sommerlatschen.de Espandrilles in allen Farben

Impressum

Wichtiger Hinweis

Die im Buch veröffentlichten Ratschläge wurden von Verfasserin und Verlag mit größter Sorgfalt erarbeitet und geprüft. Eine Garantie kann jedoch nicht übernommen werden. Ebenso ist eine Haftung der Verfasserin bzw. des Verlages und seiner Beauftragten für Personen-, Sach- oder Vermögensschäden ausgeschlossen.

Bibliografische Information der Deutschen Nationalbibliothek
Die Deutsche Nationalbibliothek verzeichnet diese Publikation in der Deutschen Nationalbibliografie; detaillierte bibliografische Daten sind im Internet über http://dnb.d-nb.de abrufbar.

Bildnachweis

Projektfotos: Anja Hofmann, Leipzig
Illustrationen und Hintergrundfotos:
Hanna Charlotte Erhorn

© Verwendung und Abbildung des Stoffbeutels Seite 104 mit freundlicher Genehmigung der TIGER GmbH

Projektleitung: Franz Leipold
Redaktion: Helene Weinold, Violau
Herstellung und Satz: Veronika Preisler
Umschlaggestaltung: Veronika Preisler
Druck und Bindung: Offizin Andersen Nexö Leipzig GmbH, Zwenkau

Printed in Germany

ISBN 978-3-426-64713-4

5 4 3 2 1

FSC
www.fsc.org
MIX
Papier aus verantwortungsvollen Quellen
FSC® C012425

Bitte besuchen Sie uns auch im Internet unter der Adresse:

www.knaur-kreativ.de

Inspiration